1人から始める議会改革

市民フリースピーチが議会を変えた！

犬山市議会議員
ビアンキ アンソニー［著］

JN039400

学陽書房

はしがき

2003年に初当選し、すぐに日本の地方議会が受け身過ぎだと感じ、議員になった最初から改革を進めると決めました。幾度も抵抗はあったが、その中で様々な問題を扱い、改善を図っていきました。今になって、議員間討議を正式に行う場としての設置とその時間を設けるように提案・実現できたことで、議会機能向上と市民の生活向上に一番につながる改革の可能性が生まれたのだと確信しています。

2017年、私は犬山市議会議長になりましたが、これは外国出身としては全国で初めてのようです。私本人は大したことではないと思いながらも、注目を集めました。議長として進めたかった、議員間討議のさらなる活用をふまえ、議会の政策立案力向上と、市民参加促進に、今こそこの状況が活用できると思いました。

2017年の1月に可児市議会の川上議長から犬山市でローカルマニフェスト研修会を受けてくれないかと依頼があり、それをきっかけに早稲田大学マニフェスト研究所顧問の北川正恭先生、山梨学院大学教授の江藤俊昭先生にお世話になりました。そして月刊『ガバナンス』(ぎょうせい)の千葉茂明編集長の取材を受け、当時まだ実施されていなかった市民フリースピーチ制度等について述べたところ、当議会への視察や個人の面談が多くなりました。そして、２０１８年犬山フリースピーチ制度を実施したことで、マニフェスト大賞グランプリを受賞し、さらに視察、面談が殺到しました。

私は議長として、議会改革についての視察対応をする中で、私たちの議会が検討すべきテーマについて多くの気づきがありました。同時に、視察にくるがんばっている議員から、どうやって制度を導入するか、運用するかといった質疑が多くありました。

あるとき、遠いところから一人できた議員と面談しました。

「うちで何か改善を提案すると、その答えは『今までの何がダメだなんだ！』」と、言われるのです。議員間討議をしようとすれば先輩に、「議会はそういうところじゃない、議員は行政と議論するものだ！」と、即座に反論されたそうです。

そんな議会のあり方に疑問すら持たない、議員同士の議論の必要性や認識すらない人がいるのかといえば、実はたくさんいます。

一方で、がんばっている議員の皆さんに、私はどうやって役に立てるかといえば、自分の経験を通じて、私の所属する犬山市議会が進んだところ、進めた方法と各対策の目的と効果を説明するしかないと考えました。この本では、

○議員間討議の実現と効果
○市民参加に対しての試行錯誤
○犬山市議会で行ったフリースピーチの試行と効果
○議会の本来の政策サイクル
○議長または委員長の役割

について、その当事者として、本音で包み隠さず書いています。

議会改革をテーマとした学者が書かれた立派な本はたくさんあります。読めば、なるほどと感じますし、導入すべきだ、がんばろうと思いますよね。しかし、いざ議員が本来やるべきこのことを同僚議員に提案すると、反応は「し～ん」……。そこにあるのは、冷たい視線だけです。学術的な説明は大事ですが、それらを実現するには参考例や実例を通じた、議員当事者のための現実的な説明が同じように大切です。

お互いに経験をシェアすれば、確実に議会機能向上につながります。私の経験が皆さんに少しだけでも役に立つなら、これほどうれしいことはないと思っております。

著者

もくじ

1人から始める議会改革——市民フリースピーチが議会を変えた！

第4章 一進一退で根付かせる——抵抗から定着まで

終章

本書中、議事録等の発言は読みやすくなるように、
随所で省略（……と表記）をしています。

序章

フリースピーチが市民の要望を実現した瞬間

2018（平成30）年6月の第二回フリースピーチのことです。視覚障害者の方から、市の「避難行動要支援者制度」運用について発言がありました。当日は、その方のがんばりに、私だけではなく、議場にいる皆さんが本当に感動しました。

フリースピーチから行政の課題が見えてきた！

議会のHP、第二回市民フリースピーチ制度協議結果一覧をみると、内容はこのようなものです。

「災害時、障害者の中には自分で身を守れない人が多く、避難要支援者名簿に載るには、家族以外の支援者2人が必要で、名簿に載っている人は全体の4％・150人、一年ごとの更新では減っている現状にある。また、犬山市と障害者をとりもつ民生委員にも、この150人以外は知らされていない。1人で避難できない人の名簿を作り、助ける計画、安全に速やかに避難できる体制を築いていただきたい」

これを受けた議会による協議結果は、「市に支援者2人の見直しを検討するよう7

月23日に申し入れ書提出、７月25日付で市から１人でも登録可能として運用するとの回答あり。別紙申し入れ書及び回答添付」というものです。

この時、議会は珍しく、全員協議会ですぐに議員の意見を集約し、議長名で右記の内容で申し入れをし、行政が改善を図ってくれました。ここまでは良いことであり、一定の進歩だったが、犬山市の運営について対象者からの指摘で、その後にもっと根本的な問題があることを認識しました。

問題を少し説明します。２０１３（平成25）年８月内閣府・防災担当の取組指針から「平成23年の東日本大震災においては……障害者の死亡率は被災住民全体の死亡率の約2倍に上った……その教訓を踏まえ、平成25年の災害対策基本法の改正において、避難行動要支援者名簿を活用した実効性のある避難支援がなされるよう……避難行動要支援者本人からの同意を得て、平常時から消防機関や民生委員等の避難支援等関係者に情報提供すること」とされました。

つまりは、対象者の希望と同意があれば、平常時から支援関係者（消防署、警察署、自主防災組織、消防団、民生委員、社会福祉協議会そして自治体による町内会）が共有する名簿に登録できる、というものです。

どこの自治体でも申請書または登録後に完成した個別避難支援計画には支援者の欄がありますが、例えば、記入例に「地域支援者が見つからない場合でも、登録ができます」（彦根市）とか「やむを得ず見つからない場合、空欄で提出してください」（弘前市）など、支援者なしで登録ができることは常識になっています。

犬山市は、「避難支援者が空欄の場合、登録ができません」と登録に必要な書類の記入例に載せていたのです。

もちろん犬山市の言い分はあります。

災害弱者の名簿 要件緩和

犬山市 「家族以外の支援者1人」

犬山市は、災害時に助けが要る人をリスト化した「避難行動要支援者登録者名簿」への掲載条件を緩和した。名簿に載る前提として、災害弱者自らが万一の際に助けてくれる二人を地域で確保し、その名前を記入する必要があったが、これを一人の名前でも可能に改めた。

名簿登録を巡っては、中途失明した男性（[illegible]）が六月、市議会の第二回市民フリースピーチ制度で問題点を指摘。「名簿に載るには家族以外で支援してくれる二人の名前を書かねばならないが、用意できずに登録していない障害者は多い。そんな名簿に意味はあるのか。誰にも助けてもらえない人をどう助けるかを市は考えてほしい」と訴えていた。

発言を受けて市議会は七月、「家族以外の支援者二人が必要という条件の見直しを」と市に申し入れ、市はその二日後に「一人でも登録可能として運用する」と改善を回答した。

男性は「さんざん迷ったがフリースピーチに出た結果、議員に現状を知ってもらえ、いい方向に踏み出せた」と喜んでいる。

市福祉課によると、同様の制度で他自治体は二、三人が必要としているが、一人で認めている市もあったため再考した。

市内には名簿登録の対象者が約千七百人いる。内訳は自宅で暮らす要介護3以上の高齢者や、重度身障者、知的・精神障害者、難病者ら。四月時点の登録は百四十五人にとどまっており、広報犬山九月一日号に制度のあらましを掲載して周知に努めている。

（三田村泰和）

あす市議会フリースピーチ

犬山市議会は九日午前十時から、第三回市民フリースピーチを市役所内の議場で開く。事前に応募した七人が、議員を前に市政について五分間ずつ意見を述べる。昨年就任したビアンキ・アンソニー議長が主導する市民参加型議会の目玉となる試みで、今年二月に第一回を開いた。本年度の開催はこれが最後となる。㊐議会事務局＝0568（44）0307

市民フリースピーチの成果例（中日新聞 2018 年 9 月 8 日朝刊）

先日の防災会議において、「地域支援者である町会長から『人命を預かることになり責任が重すぎる』……そこで、新制度では、申請の際に、個別避難支援計画を合わせて提出していただく」と説明されました。

私たち（議会）は、法律に明確に命令されていない登録条件（個別避難支援計画・支援者含めて）を付けることは一部の支援関係者の抵抗に応えるためであり、対象者を登録しにくくしていると解釈し、制度の趣旨に反すると認識しました。

私は議長として、何回も対象者と市の担当と会談し、議長の任期後の一般質問でも三回質問をしました。不安を示した町会長（何人かはわからないですが）へのサポートはすべきと思いますが、この制度は弱者のためのものです。登録できないと制度に意味はありません。

議員間で課題を共有し、議員間討議へとつなげる

市の対応は妥当な対応ではないと訴えました。納得できる改善を検討してくれる回答がもらえないため、議会と議員の間での課題としました。

本題を三回にわたり一般質問をした時、納得できる答弁をいただけるわけがないと考え、全議員にシンプルなわかりやすい情報を引っ張り出して共有し、それを踏まえて会期中に議員間討議に持っていくという戦略にしました。

行政が協力しない場合、永遠に同じような一般質問をしても意味がありません。議員同士が議論して、議会の力を活用しないといけません。ちなみにこの考えを持っていることは質問のヒアリングで担当にはっきり言いました。英語の有名な映画のタイトルでもある表現で〝Cat On A Hot Tin Roof〟、日本語でいうと「熱いトタン屋根の上にいる猫のようにピリピリしている」という感じでした。

２０２０（令和２）年６月18日の会期中の全員協議会。６ページの資料をつくり、議員間で問題提供をいたしました。ここにはなんらかの問題があるという雰囲気がありました。同時に、制度が十分わかっていない議員もいて、本能のように行政側になるだろうと想定できる容疑者議員たちもいました。

課題は次回に持ち帰りとなり、７月１日の全員協議会で市の担当を呼び、制度の運用等について質疑の時間を設け、その後、議員間討議を行うと、議長がセッティングしました。

本物の全員協議会の姿を見た！

7月1日の全員協議会の雰囲気はそれまであまり経験したことのない、ある意味で本物の議会の姿と感じました。最初は議員が制度について当局に質疑しました。そして議員間討議を行いました。複雑な課題なのでもう一回持ち帰り、次回の全員協議会で各会派から報告することになりました。

私の所属する会派では打ち合わせをし、登録希望の対象者が登録することは制度として基本的に必要な改善であり、他の細かい改善も必要であるという意見でまとまりました。そして、それらの改善を図る前提で、担当常任委員会へ問題を付託することとなりました。

担当委員会の委員長は私の会派の会長です。これに私も賛成しましたが、念のため委員会付託で却下された場合、議会から申し入れ書を提出するという提案もしました。どうしても、議会が動いてくれないなら、申し入れの評決で各議員のスタンスを市民に明確にしようと思ったのです。

7月22日の全員協議会、数人の議員が案外なところでも登録の問題を扱うべきと言ってくれました。他方で、この課題を避けるだろうと予想していた会派の一人で元市職員の議員は、会議の趣旨に合わない本市のやり方の説明をしてしまいました。私が出した資料を使わず、どう見ても行政側が作った資料としか見えないものを使ってです。他の会派は違う問題を指摘しました。それでも珍しく、私は素直に、静かに我慢して聞きました。

ある議員が、「じゃ、登録希望の方を登録させることに対して反論はありますか？」というような質問をしました。誰からも反論も質問もなかったので、私はほっとしました。

全議員で細かいところを決めるのはそもそも難しいことです。改善が必要という発言もあったし、何でも行政側を応援する議員ですら公に反対はできませんでした。

その後、議長から問題提起した私に意見を求められました。

「皆さんが改善が必要と登録問題に賛成してくれ、ほっとしました。最初は申入書を提案しようと思ったが、皆さんの意見を聞いて、全員で細かいところを決めるのは難しいがこれから細かいところを委員会で話し合っていただければいいと思っております」

私は答えました。

「それでは委員会に付託して、そして必要であれば申入書を出すのはどうですか？」

議長が言ってくれました。反対の声はありませんでした。これで少なくとも登録問題は直せるし、これが他の改善につながると期待しています（ないならまた強く取り上げます）。

こうして市民のフリースピーチの発言を取り上げて、議会から改善を求めたのです。一定の改善はあっても、検証した上でまだまだ改善を図る余地があると認識し、一議員として三回の一般質問をし、それでも良くならなかったので再度議会として取り上げて、議員間討議を通じて改善をはかることにしました。

一つ絶対に忘れてはいけないのは議員間討議の場、今回の場合でいえば会期中の全員協議会、それがなかったら議会の力を活用する可能性はありません。

このような活動こそが、議会の本来の姿を表すと思っております。

第1章

「誰の議場？ 誰の議会？」 市民参加型議会の模索

1

郷に入ればローマに従え——民主制は市民参加で始まる

読者の皆さんに問います。議会や議場は誰のものですか？　言うまでもないはずですが、市民のものです。市民の税金で作られたものであるし、ここで行われている活動は市民のためのはずです。

しかし、今の時代になっても多くの人が市政や議会について興味がない。投票率は急激に下がっているし、一般の方からは政治が遠い存在だと言われています。

なぜ、このようになってしまったのか？　市民にとって、興味のみならず、政治や議会への信頼がなくなりました。不透明な仕組みや本物の政治家よりも政治屋が多くなった等々の理由があります。市民の信頼を取り戻すには大変な努力が要ります。

その努力は市民参加で始まることに間違いありません。市民が参加するなら、結果が出るなら、市民にも肌で民主制のプロセスに参加することの価値が再認識されます。

そこで、市民参加のための「フリースピーチ制度」が、そのカギを握るのです。

特徴
- 完全な議会の行事
- 誰でも参加しやすい時間帯
- 年齢制限なし
- 議場で議員から発言に対する質疑をしてもよい

主な効果
- 市民の直接参加により、市政に関心を高める
- 議会や議場に親しむ
- 議会活動を、より市政に市民の意見を反映させる

市民フリースピーチ制度の概要

フリースピーチは万国共通！

「フリースピーチ」は現在行われている他の取組み、議会報告会、学生・女性議会、外に出かける意見交換会よりも長い歴史を持つ、一番純粋な市民参加であります。全議員と市民同士の発言が議場でフラットに行われます。そして議会はそれに対応しないといけません。

「フリースピーチ制度」は、他の取組みよりも中心として最初に取組むべきです。残念ながら「フリースピーチ制度」は犬山市以外に日本では実施されていません。そして同時に

誤解もされましたが、民主主義の国の中で、どのような形にしても、当たり前のように行われていないのは日本だけです。

なぜ、「フリースピーチ制度」なのか?

私は歴史家ではありませんが、「フリースピーチ制度」の原点を把握したほうがいいと思って簡単にまとめます。現代の間接的代表性民主主義を初めて実現したのは、古代ローマの共和制でした。元老院と平民の民会が意思決定機関において力を分けられました。共和時代において、これらのいろいろな「民会」(これをアセンブリと言います)の始まりはローマの市民の声からでした。現代の定義では完全に民主的とは言えないが、民会は少なくともローマの一般市民の声を聞いていました。

その時から今日まで、議会制の民主主義の中で市民が選んだ代表が、議会へ意見を言う場を設けたのです。ですから、「フリースピーチ制度」は単なる議会改革ではない、市民の持つ権利の場なのです。

市民が議場に立つのはどうしてダメなのか?

この制度を私の議会で立ち上げようとした時の反応は、どういったものだったでしょうか？　一つは、「何を考えているのか？　それは直接民主主義であり、我々日本では間接民主主義だ！」（ちなみに、私はよく「我が国では」とか、「日本では」と、言われました……なんでだろう？）他にも「私は選挙で当選したから、この議場で発言ができる」と言う議員もいました。本市へ視察にきた時など、反対意見を持っていた議員から、とんでもないことも言われました。

それらを聞いて私が思ったことは、市民が議場に立つのはダメ？　市民に焼きもち？　本当に直接民主主義と間接民主主義の違いがわかりますか？　市民が意見を言うのと議員の代表としての発言権の違いがわかっていないのか？　などなど……。その曲がっている考え方をどう扱ったかについては、この後で述べさせていただきます。

「フリースピーチ」を行った時の議長は私でした。この時の議長としての挨拶をシェアしたいと思います。

「皆さんおはようございます。

民主主義において、市民を代表する議員、全員に意見を言う権利があるのは当たり前のはずです。それで、その場所を設けるのは議会の義務と考えられます。しかし、残念ながら現在は、その場はあまり設けられていないのです。

そのため、その重要性について意識が低いのですが、市民のための議会の意思表示をするためには、より市民に役立つ議会になるためには、市民と密接な関係を持つことが、なにより重要です。

フリースピーチ制度は、その関係づくりにおいて、根本的な要素です。議場で、議員全員と市民同士の前で行うのに最適です。議場は民主主義の原点だし、議員は市民の代表であるだけではなく、議員も市民です。一緒に理想な街を考えるのは、当たり前のはずです。市民という言葉を何回も言いましたが、年齢制限なし、有権者だけではなく、犬山市在住、在勤の皆さんはフリースピーチ制度に参加できます。

最後になりますが、市議会に市民フリースピーチの場が設けられたとしても、それを活用できるのは市民です。市民がこのチャンスを活用されたら、私は皆さんからいただいた意見を真摯に受け止めることを約束いたします。特にこの投票率が下がっている、政治に不信を感じている今、議会の必要性が問われている。

無関心が広がっている時代に、市民フリースピーチは大事な活動だと信じております。以上です」

2 この状況で市民参加型議会を考えられるのか？

私が議員になった時、訴えたことの一つは情報公開でした。なぜなら、議員になる前に、市議会で決まっていた様々なことが、わからなかったからです。

情報公開は当たり前の時代に

市民が議会とコミュニケーションができるチャンネルが必要だと思い、私は議会のインターネット放映について、議員になって初めての一般質問で提案しました。その後すぐに本会議の一般質問の部分が公開され、さらに、若い議員のフォローとテクノロジーの発展によって、今は犬山市議会のすべての会議が、ほとんど経費もかからず公開されるようになりました。

これは改革ではなく、当たり前の進歩です。情報を持つ市民はまちの強みになると信じています。もっと簡単に言えば、市民は知る権利があるとわかっているはずです。それなら、議会も官僚も情報を出す義務があります。だから、これは改革か義務かと言えば、市民の権利に応えることは議会の責務で、改革と呼ばないほうが良いです。最近よく聞く、「議会ランキング」の評価材料の一つに、情報共有を数えるのはおかしいと思いました。

他にもパブリックコメント制度など提案して実現されましたが、このようなことをやればやるほど課題も出てきます。それらに応えられるよう、議会のレベルアップもしないといけないので、最終的には議会の力向上へとつながります。

こうして私は、1、2、3期目と情報公開等々を進めていきました。その中で、議員間討議の活用の細かい取組みなどをしましたが、それらがなかったら「フリースピーチ制度」ができなかったかもしれません。

怒濤の市長選挙、議長選挙へ

５期目に入った私にとって、議員４期目で提案・実現した「フリースピーチ制度」が議会機能向上には一番早く、効果につながると感じました。そこでまずは、「フリースピーチ制度」の実施と実現するまでの軌跡を紹介させていただきます。

市民参加型議会を提案した状況についてです。

３期目の最後の一年に入ろうとしているころ、私の所属している８人の最大会派の中から３人が、当時のＹ市議会議員を市長選挙候補者として応援しようと決めました。私の知っている限りで、その時本人自身はまだ市長選挙に出る決心ができていなかったのです。

実は、その８年前に私は、市長選に立候補しました。その時は私もＹ議員もＴ市長（元県会議員）に負けました。その当時の市長選挙の詳細については、ここでは遠慮しますが、結局、市議会から３人が出馬、計８人が立候補しました。意外なことに投票率は過去ワーストの50・82％でした。具体的な結果は次の通りです。

Ｔ氏　当１３，０６８票（県議）／Ｙ氏　５，１３２票（市議）／ビアンキ・アンソニー　４，８３７票（市議）／Ｓ氏　４，２７５票（経営・政策コンサルタント）／Ｍ氏　２，１１１票（ＮＰＯ法人代表）／Ｍ氏　２，０８１票（元会社員）／Ｋ氏

1，208票（市議）／I氏　279票（元会社員）

今度の市長選挙では、犬山市のために新しいリーダーシップが必要と思い、Y議員が一番当選できるチャンスがあると判断し、私は応援しようと決めました。

会派の3人と、他の会派の一人が一緒になって最後までY議員を応援しました。それに対して、ほとんどの他の議員、私の会派メンバー含めて（一人中立）現役の「保守系」がT市長を応援しました。

結果、2期目の現役の市長を敗り、Y氏は当選を果たしました。その半年後の統一地方選に、私は2度目のトップ当選を果たしました。

数少ないの現職市議の中、元会派の仲間でもあった新市長を応援し、同時に市議選でトップ当選になった私は、当然ながらやる気満々で議長選に手を挙げ、さらに議会改革を図るりつもりでした。定数20人で、私の所属会派から新市長が出たので会派の議員数は8名から7名になりましたが、まだ最大会派でした。

この状況を考えると、議長になれると思ってもおかしくはないと思っていました。

3 リーダーシップを取るために議長選に臨む

私たちの議会では以前、議長選挙の改革として議長の任期を1年から2年に、また正副議長は選挙で選ぶと決めました。

議長選挙の前に、私は礼儀として各議員に挨拶の連絡をします。当然ですが、絶対票を入れてなどとは決して言いません。皆さんからは、演説を聞いてから決めると言われました。それを信じようとしましたが、議長選が近づいてくると、いろいろな裏工作が始まっていることが、だんだんとわかってきました。当選するどころか本当の選挙になるなど、とても無理だと感じました。

負けることはわかっているが……

議会改革に相応しい議長選びを選挙でしようと決めたのに、表面的な変更にしかならなかったのかと、ここで疑問を抱きました。

正直に言えば、この議長選に出るのは辞めようかなと思いました。もう結果が決まっているのなら、演説をするのは意味がないし、何のための選挙なのか、負けることがわかっているのなら恥ずかしい等々の気持ちが強くなりました。

最後までがんばったほうがいいと先輩や支援者に言われて、そうですねとは思ったものの、なかなか演説に気合いを入れて考えることは難しかったのです。

その時、うちの家内のけいちゃんは、私に内緒で議長選挙に傍聴しにきてと支援者に連絡をしていました。最初、それを知った時は「どうせはじめから落ちる議長選挙なのに！」と、ちょっと怒りました。無理やりがんばれと押されたような気がしたのです。

しかし考えてみたら、これも選挙のはずですから、一般選挙のように最後までがんばらないといけません。何よりも支援者として集まってくれる彼らのためにもベストを尽くさないといけない。

本当の選挙じゃないできレースなら、必ず見ている人にはわかるでしょう。それ自体が十分価値があることだと思い直しました。結果がわかっていても、我々のスタンスを十分示すことが大事だと思いました。

議長選挙の日

いよいよ、議長選挙の日が来ました。正直に言えば嫌な気持ちになりました。

けいちゃんは、「アンソニーがどんな思いで議長選挙に手を挙げているのかをみんなに知ってもらいたいから」「支援者には、はじめから落選するとわかっている選挙だけど、傍聴席から怒りのパワーを送るんだあ！」と言っていました。

傍聴席はいっぱいでした。皆さんの顔を見ていたら、本当にがんばりたいという気持ちがふつふつと湧いて来ました。

臨時議長は最初に私の名前を呼びました。

「はい」

そこで登壇して、次のような主旨のあいさつをしました。

「皆さん、おはようございます。ビアンキ・アンソニーです。……今日、話したいのは、主に2つあります。何で私は今、議長選に手を挙げているのか。それと議長として何ができるのか。そしてなぜ、そう思っているのか。

12年前、議員になる時、議会のあり方に「何か足りないなあ」と思った。簡単に言えば、それは議員同士の議論や議会として物事を決めることや提案することがなさすぎでした。それで一人でも議会改革セミナーや視察に出かけました。北海道の白老町や長野の須坂市等々に行ってきました。

2期目中で、須坂市で勉強した議会活性化推進委員会からのヒントを得て、同じような委員会を提案しました。……当時の会派のY会長とI議長にがんばっていただいて、やっと議会改革委員会ができた。議員が話し合って次から次に改善ができました。そこで議会基本条例も練った。

条例の中で、議員間討議が何回も出るにも関わらず議員間討議をやる場がありませんでした。美辞麗句だけではダメですよ。現実的に市民に役立つ改善につながらないなら、条例はただの紙屑。それで改革委員会で、各常任委員会の委員長シナリオに質疑の後、討論の前に「議員間討議を行います」というセリフを入れることを提案しました。今、その議員間討議で議論を行っている。しかし、そのセリフがなかったら絶対に行っていません。その小さな改善は派手なことよりも大事だと思っております。

もう一つ改善したのは、今、全員協議会で行っている会期中の議員間討議。なぜならば、本会議の一般質問や議案質疑は一人の議員対行政だけで、これではおかしいと思ったからです。議員同士もその内容を議論できる場を設けるべきでした。今、その議員間討議は役に立っていますが、もっと活用できると思っております。……議長としてそれらを実施したいです。

議員間討議は市民に役立つアクションにつながらないなら意味はない。（議員の）皆さんの市民から吸い上げた意見が市政に反映するようにします。来年愛知県市議会議長会の会長の仕事が本市に回ってくる。……しかし、どんな肩書があっても一番大事なのは犬山市議会議長。それがわかっていない人は、その肩書をもらわなくてもいい。……議会からの提案や集約した意見を出すことはさらに大事になってくる。そのような議会にする。私にはそれをできる実績がある。言うまでもなく、こちらにいる皆さんは経験と実績がある。私は自分の経験、実績と立場を踏まえて、自分なりに議長として、今は必要な前進が図れると強い自信を持ってます。

この前の選挙戦で、市民がそれを私に期待していると明確に感じました。市民の期待に応えなければならない。市民からいただいた使命は重い責任です。私はその責任を果たします。新市政のこの数年に我々が図る前進は未来へ向ける前例となります。私は前例よりも前進だけではなく、前進から前例をつくる時代に変える。皆さん、古臭い派閥的な考え方じゃなくて、市民にさらに役立つ議会になるよう選挙で市民が期待を示したことを検討材料にしていただければ、今だからこそ議長として適切な人物がはっきりする。よく考えておいてください。市民が見ています。以上です」

※　参考のため、3人の候補者の演説とビデオリンクを添付します。見比べてください。

私　https://vimeo.com/128042746／議長経験者議員　https://vimeo.com/128042744／先輩議員
https://vimeo.com/128042745

4 改革は改革ではない時にはじまる

議長選の結果は、議長経験者議員10票、私7票、他の会派の議員3票でした。とても悔しかったです。議長になってリーダーシップをとって、改革を進めるためのチャンスが消えてしまった。4期目はトップ当選で新市長を応援したし、議会の発展に肩を並べる実績もつくり、今度こそ議長になれないなら、二度と無理でしょう。真剣に今期を最後にしようと考えました。

議長選挙の裏側

今までの改革は本当に意味があるのか、形だけなのか。大きく失望したのは、せっかく議長の選び方として所信表明演説と選挙を行い、そして議長の任期を2年にしたのに、本質は何も変わっていない、ただ表面的にしか変わっていないということです。

細かく考えてみえば、もっと広い観点から議長の役割の改善をしなければ、どんな改革も紙の上でしかありません。議会基本条例などをつくっても、議員の意識改革も図ることができないなら「仏つくって魂入れず」で終わってしまいます。

今回の議長選はその例の一つと言えます。

裏工作とはどのようなものか？　統一地方選挙後、すぐに緊急の会派の集まりがありました。そこで8年一緒にやってきた二人が会派を出ると発表がありました。その一人は当時まで議長をされていた方でした。理由は「これから若い方を育てるため」ということでした（ですが我々の会派にその一番若い議員がいましたし、その次に若い議員は市長になりましたので、ちょっと理由がわからない）。ちなみに、その年に愛知県市議会議長会議長のポストが回ってきます。

実は議長経験者が我々会派の中で候補者になった時、もう一人も候補者に手を挙げました。今回私も、手を挙げる可能性がその方達の視野に入っていたかどうかは、わかりませんが、本人は私の会派の中で候補者になる可能性は低いと考えたのだと思います。

こんなことがあり、２人が出て、政党色のない５人の会派となりました。同時に私の会派から出た方は他の小さい保守系の会派と一緒になり、「我々保守系が一緒にがんばらないといけません」と言い、票固めを行っていたそうです。彼らを含んだ４会派の人数は、合計11人となりました。また、議長経験者の方が議長選挙に推したのは、絶対出ないと分かっている人でした。

この混乱状況が、５月臨時議会まで続いたのです。「じゃあ、他に候補者がいないならもう一回やります」と議長経験者が言って出ました。そして当選しました。愛知県市議会議長会議長にもなりました。

もう一回やるしかない

戦略が上手なのか、それとも訳のわからないこじ付けを飲み込んだ人たちが本来の状況を読めなかったのかはわかりません。

なぜこんな訳もわからないストーリーを説明しているかといえば、本格的な議会改革を邪魔する古臭い考え方が今もまだまだ残っているということを示したかったからです。ここには、他の議会改革と機能向上を遅らせた理由があるからです。

議員の意識改革を図らなくては、改革は改革にならない恐れがあります。とにかく、当時の私には復活してがんばるという選択肢しかありませんでした。

最終的にこんな状況で候補者がはっきりと出てこないなら、我々はどうしても一緒に力を合わせないといけない。当時は考えていなかったが、そこで私は、もう一回チャレンジしてやると手を挙げることになるのです。

5 市民参加の初提案は？？？の反応

議長選の後、廊下で新議長に議会改革や議員間討議で、ぜひ協力しましょうと言われました。しかし、それはその一回きりでした。

市民から使命をいただいた以上、たとえ議長ではなくても、引き続き議会改革、市民のための機能向上を進めようと決めました。２０１７（平成29）年２月20日の全員協議会で２件を提案しました。

市民参加の提案はしたけれど

その２つ目こそが市民参加についてです。まだ、フリースピーチというネーミングを考えていなかった時ですが、アメリカの市議会の制度をベースにして次のように市

ビアンキ：市議会と市民参加

City of Tacoma Washington
Rules of Procedure of the City Council

RULE 9 - PUBLIC COMMENT/PUBLIC FORUM

A. Public Comment. The City Council appreciates hearing from citizens ... and desires to set aside time at the start of each Council business meeting for Public Comment. （この後手続きやルールなどの詳細が掲載してある）

＊市会議は市民からのご意見等いただくことを歓迎して、そのために定例議会始まりで時間を取っておきます。

City of Cambridge Massachusetts
City Council Rules

RULE 24C. Public Comment.

1. Regular Business Meetings (**定例議会**)

a. Under the provisions of Chapter 43, Section 98 of the General Laws, Tercentenary Edition, citizens and employees of the city shall have reasonable opportunity to be heard at any meeting of the City Council ... Opportunities for citizens and employees to be heard at all regular meetings, except for roundtable/working meetings, shall be provided ... Each speaker shall limit his or her comments to no more than three minutes.

b. Procedure: An individual may sign up to speak before the City Council via telephone to the City Council office on Mondays from 9:00 a.m. to 3:00 p.m., ...

＊ a.市民、または市の職員には、市会議の会議で充分な意見など述べることのできる時間が与えられます…各定例会でその機会を設けます。発言は３分までです。

＊ b. 手続き

ほとんどの市議会はこのような理念において市民参加を行っています。市議会により細かいところが違いますが。全体の時間制限（１時間が多い)、発言の時間制限（３分が多い)、手続き、通告や細かいルールももちろんある。

調べた限りで、日本ではどこも行っていないですが、行うべきという専門家の意見があります（添付資料を参考にしてください)。このような制度の導入は本格的な市民参加または議会改革につながると信じております。

しかし、課題が多いですので、この段階でやるかやらないかじゃなくて、持ち帰って、検討すべきかどうかについて各会派のご見解をおねがいしたいと思っております。

米国タコマ市、ケンブリッジ市のフリースピーチ制度民参加を提案しました。私は右の資料を使って説明をしました。

「議会改革のため、例として、アメリカではどこでも当たり前に行っている制度を紹介したいと思っております。簡単に言えば、会期中に市民が直接議会に発言ができる制度です。

資料にワシントン州タコマ市の例があり、議会の会議規則からピックアップしました。肝心なところを、軽く日本語にしました。それは＊印のところですけども、『＊市会議は市民からのご意見等いただくことを歓迎して、そのために定例議会始まりで時間を取っておきます』。もちろん細かいルール等、手続きについていろいろあります。

その下にマサチューセッツ州ケンブリッジ市の例もあります。同じように＊印のところに「＊a．市民、または市の職員には、市会議の会議で充分な意見など述べることのできる時間が与えられます……各定例会でその機会を設けます。発言は3分までです」とあります。あとは手続きについて細かいことがいろいろ書いてあります。

ほとんどの市議会では、このような理念において市民参加が行われています。

市議会によって細かいところは違いますが、全体の時間制限（1時間が多い）、発言の時間制限（3分が多い）、手続き、通告や細かいルールももちろんあります。

調べた限りで、日本ではまだどこの市議会も行っていないようですが、これを行うべきだという専門家の意見があります。このような制度の導入は、本格的な市民参加、または議会改革につながると信じております。

しかし、課題が多いので、この段階でやるかやらないかではなく、持ち帰っていただき、検討すべきかどうかについて話し合っていただき、各会派のご見解をお願いしたいと思っております。この件について以上です」

質問ゼロ！

し〜ん……静けさ……反応なし！

全く新しい取り組みですから、100％理解されて、すぐやりましょうと言われるとは思わなかったが、不明点についての質問や意見ぐらいはいただけると期待していましたが……。

議長　「今、市民参加という新しい角度での議会というふうに受け取りました。そういう部分で、提案者のほうも会派に持ち帰ってということでございますが、その前に、これについてお聞きになりたいことがございましたら。……

とりあえず、こういう新しい考え方がルール上どうかということも事務局に聞かないといかんかもしれませんが。そういう提案があったことを、皆さん会派で、これを今のルールに照らし合わせてどういうふうに生かしていけるかということも考えていただきたいなと思います。これは持ち帰りというよりも全体の研究課題だというふうに思っております。

これはこれでよろしいですかね。そういうわけで事務局もこれに対してのルールづくり、今の現行のルールではどこらへんまでがそれが可能かということもまた、議員に教えていただきたいと思います。

目指すところは市民に対して、どういうふうに対応していけるかということが、一番の部分。市民の幸せのためとかね。そういう部分が一番のことだと思いますので、……議員さん個々においても会派においても……こういうことを提案していきたいだとか……ございましたら、ご提案していただいて、全員協議会の中で……議論をして、いいものをつくり上げていきたい、一歩でも前に進むような形をつくっていけたらと思っておりますので、……会派、そして議員、また議員の仲間の皆さん等々とも議論していただいて、こういう関係の話を聞かせていただきたい。

この件についてはまた、来月の全員協議会の中でも、議会内の全員協議会ではなくて、次の全員協議会の中でも、こういう議論を中心にやっていきたいなと思っていますので、皆さん……情報等々取っていただきたいなと思っています」

その後に、一回事務局長と課長に声をかけられ、どうやって提案を扱ってほしいかと聞かれました。会議の中で話したように、これからこのような制度に取り組む現実的な可能性、市民のため議会改革のための必要性とメリットなどの議論を、全員協議会で引き続いて行っていくと答えました。

6 2回目の取上げも反応なし！

全員協議会に渦巻く「戸惑い」

それから2か月後、再度これを全員協議会でテーマとして出しました。次のやり取りは２０１７（平成29）年４月12日の会議録からです。

議長　「それでは全員協議会のほうを再開させていただきます。

２番目の協議事項のほうに入らせていただきます。①の議会への市民参加の関係でございます。これは2月末の全協の中での持ち帰りという形になっていますので、改めて仕切り直しではないんですが、ビアンキ議員のほうからもご説明をいただいてから進めさせていただきたいと思います」

私「はい。ありがとうございます。この前、ちょっと説明をしました。定例議会中で、市民が直接に議会に声をかける場をつくる。いろいろな方法があるので、この前アメリカの数か所の例を出しました。

それで、いろいろな方法があるので、……この前は皆さんに例を出しました。今の段階でこれを、すぐやるか、やらないかという課題と思ってはいないんですけれど、私、個人的に……犬山でできる可能性があるかどうかとか、やるならばどういう形が可能かということをこの段階で何らかの形で、研究課題として有志の会でもいいし、いろんな形があるので、この課題を、研究を進めればいいかどうか、皆さんのご意見をお願いしたいと思っています」

議長「今、提案者……からこれからの、今後の、ということも含めて……、市民参加のあり方について……会派のほうで議論がなされたとか……ありましたら、少しお聞かせを願いたいなと思います。

どうですか。何かそういう部分に関して……議論しましたよということがあれば。何か聞かせていただければなと思いますが。

まだそこまでの浸透ということはないというふうに取ることしかできませんが。今、ビアンキ議員からもいろいろとありました。いろいろな可能性を含めるとか、どんな形にしていこうか……そしてまた最後にはちょっとした特別チームというような……感覚でも勉強していったらどうだと……ありましたので、そういう部分については。はい、副議長のほうから」

副議長　「非常に例のないハードルが高そうなことですので、どう受け止めていいかわからない部分があるかと思いますので、一つの話題として長いスパンの中で頭の中におきながら、何らかの機会をとらえながらそれぞれ課題として研究していくというふうにお願いしたいと思います」

ちなみにこの方は同じ会派のメンバーであり、その時はありがとうと思ったが〝with friends like this, who needs enimies〟（このような友達、仲間がいれば敵はいらない）という英語を思い出しました。各会派から意見をいただくはずでしたが、誰からも他にコメントはありませんでした。

議長　「はい。……ビアンキ議員もそうだし副議長のほうもだけど、そういう所が一つの核となって勉強会等々をやるから、……協力をお願いしたいという……ような感覚でよろしいですかね。

今、少し2人のやり取りの話になっちゃいましたが、……これからいろいろなことを……市民参加という大きな部分の中でどんな方法が議会として可能かということを勉強されて、また……報告をいただきながら、犬山でできることがあれば、……少しでも活用するとかできるようなふうになればいいな、と思いますので、この件につきましては……皆さん方の有志の方でちょこっと勉強していただいて、時々ご報告いただくということでご理解いただきたいと思います。はい、ビアンキ議員。どうぞ」

行政の「研究します」は議会でも一緒

要するに行政の「研究します」という一般質問の答弁と一緒で、ずっとほったらかす。それと、市民の意見を聞くことの何がハードルが高いのか、具体的に示さないと意味がわかりません。

ですが、その場で激しく議論することは損になると私は判断しました。

私「一つだけ。興味がある方は声をかけていただければ、何か勉強会をつくりますので、よろしくお願いします」

その時も予想通り、誰からも一言もなかったのです。

実はこれ以降私が議長になって再度提案するまで、犬山市議会関係者から市民参加型議会については一言もなかったのです。議会は議論の場所と言われていますが、議員がお互いに議論ができないことは日本の地方議会の大きな欠点の一つであることは間違いありません。この時、つよく思ったのです。

コラム
1

議長がリードするなら目的地はしっかり決める

当初私は、議長をやりたくないと思った。議長の仕事はシナリオを読むだけで、順番に回ってくる名誉職であるし、一般質問ができなくなるから興味がないと思っていました。

議長は裏で決められている名誉職、引退していく前の花道とか、あまり影響のないポストと思いました。しかし、改革を行っていくうちに少しずつ、考えが変わってきました。

やっと気がついたことは、議長のリーダーシップは必要で、議長は議会の方向を大きく変えることができるんだということ。議長は非常にユニークなポストであり、「ボス」でもない。中立性を保ちながら議会の発展を図ることができ、さらに市民の役に立つ機関になるようにしないといけません。

議長には大きな影響力がありますが、それを行使するには各案件の結末を仕切るのではなくて、むしろ各案件について十分な議論を行えるようにすべきです。

今までの前任者の改善を維持しながら、情勢に見合うようなゴールをしっかり持っていないといけません。それとともに出てくる課題に対して、前進につながる解決を図り、必要であれば、新しいポリシーを設置することです。

「議会を直そう」とするなら、ゴールへの３点を選ぶことです。市民参加のためのフリースピーチ制度の設置はそのひとつでした。２つ目は議長の役割を果たして、会期中や委員会の議員間討議等をより活用し、議会からの提案へとつなげることです。そして３つ目は議会や委員会の質疑等を次の年度の行政事業や当初予算における政策提言へとつなげるようにすることです。

第2章

市民フリースピーチ実現までの攻防と道のり

1 また自爆しないといけないか…？

市民フリースピーチを提案したが、結局のところ次回に伸ばされました。実現するどころか、真剣に検討してくれる雰囲気すらありませんでした。議長選挙のショックは随分乗り越えたつもりだが、これからリーダーシップの舵を取る以前に、この試みを認めてもらえるのは難しいなあと感じました。

自分ができることはここまでなのかな

正直に言えば変な気持ちでした。もちろん議員として日頃の仕事はきちんとやっているし、市民からの相談があれば、そのつど扱ってきていましたが、何かが違うと感じました。

今まで議会改革について提案し、議員間討議の拡充、細かい方法まで次々と導入されましたが、一議員として議会の機能向上に対して、もうできることが限られてきたと感じていたのです。壁にぶつかったような気がしました。

なぜならば、議員間討議の促進は確かに良くはなったが、まだまだ議会からの政策提案には十分つながっていません。４期目になった私の実績の上で議長になることができないなら、議員間討議などを次のステップまで引き上げること、フリースピーチを実現することは無理だと感じました。

自分ができることはここまでなのかな……。任期残りを一人議員として市民の生活向上のためにがんばるとして、議会の機能向上を今以上に図ることができないなら、議員として続けていても意味があるのか、今期を最後にしようかと考え始めました。この状態で、任期の後半に入ろうとしたところでした。

任期の3年目、5月臨時議会がそろそろ近づいてきたころ、議長、副議長、委員長などの人事を決めます。今回は私には直接関係ないと思っていました。

というのは、前回、自ら勝手に手を挙げたことと、そして所属会派のメンバーの一人に以前議長に興味を示した方がいました。会派の打ち合わせで、皆が発言を遠慮していたようだったので、私のほうからその本人に「前回勝手に手を挙げ申し訳ありませんでした。失敗したし、今回議長選に出たいなら応援します」と言いました。

しかし、その本人があまり興味を示さなかったのです。他のメンバーも議長選に出る考えはありませんでした。それはそれとして仕方がありません。私も「まあいいや」と思いました。一回自爆すれば十分でした。

様子を見てみよう＝やらない

妻のけいちゃんにこの会派の状況を説明した時、「誰が議長になるの？」と聞かれました。「わからないけれど、〇〇議員かＸＸ議員だろう」と返事したら、「何考えているの！　彼らになるなら、またがんばらないといけないよ！」と言うのです。

「は～、まあ様子を見てみよう」と、私は言いました。

「だめ、アンソニーの様子を見てみようは、英語の、〝Let' s see〟と一緒、やらないという意味です」

「ごめん、ごめん。〝OK, OK. Let's see〟。ああ、失礼しました、考えておく」

と、ここで会話は一旦終わりました。そろそろゴールデンウィークに入ろうとしているころでした。前議長選のことが、まだ頭に残っていました。きっと状況も変わり、なるようになると思いました。

いつも通り、議長選が近づいてくると、いろいろな噂が飛びました。任期が終わろうとしている議長と応援した側とが、様々な戦略を考えていたそうですが、そちらから必ず候補者を出すでしょう。結局、今回押している候補者は（党の年齢ルールで）引退しようとしている方で、いわゆる「○○議員の花道をつくりましょう！」です。若者を育てたいというテーマだったのでは？　一体それはどうなったかな？　愛知県市議会議長会議長の任期と同じように、賞味期限切れなんじゃないか？　と思いました。

どちらにしろ、これでは本当の選挙ではなく、また以前と同様の事前調整のナンバーズゲームになってしまいます。今回は、このゲームは私とは直接関係がなくて正直良かったと思いました。

その間にも、けいちゃんは相変わらず、アンソニーが出ないといけないというスタンスでいました。私のほうはというと、それを相変わらずだなあ、と見ていましたが、会派などの中で、私にもう一回という雰囲気になりつつありました。

斬られるまでがんばるしかないか

私はこれまでずっと、「〝Let' s see〟」と言い続けていたが、私がまた候補者になってしまいました。

いつのことかはっきり覚えていないが、誰も手を挙げないからそうなったのかどうかは、わかりません。しかし、この前勝手に手を挙げたからこそ、私には議長選を受け入れる義務を感じました。

どう見ても、自分の読みは最低で13対7で負ける。たとえ良くても、11対9で負ける。私の性格からかもしれませんが、今回の「花道」のこじつけは気に入らなかったからこそ、この前と同じように、刀を振りかざし斬られるまでがんばるしかない。

けいちゃんは、またたくさんの支援者を呼ぶと言いいます。所信演説はあまり関係ないと今まで思ったが、とにかく一生懸命準備をし、演説の内容には、市民参加等々を重視したものを盛り込みました。

2 嵐の前の静けさ

議長選挙の朝、私は演説に向けた心の準備が大分できました。議会事務局に入った時にはピリピリした変な雰囲気でしたが、私はいつも通り皆さんに挨拶をしました。

心を落ち着ける

やはり、今日は何か違うなと思ったが、そんなことを考えるよりも、まずは自分のやらなければならないことだけに集中すると決めました。

議場に入ると、通路を挟んで私の隣には相手候補の席があります。握手をしながら「がんばってください」と挨拶をしました。

参考のため、その時のスピーチの要旨を記します。

「さて、私は2年前に議長選に出ました。また今度、何で手を挙げているのかを数点くらい、議長として何ができるのか、なぜそう思っているのかを話したいと思っております。

14年前、議員になった時、議会のあり方に「何か足りないな」と思いました。簡単に言えばそれは、議員同士の議論や議会として、ものごとを決めること、提案することがなさすぎでした。それで、一人でも議会改革セミナーや視察に出かけました。

2期目中で議会改革委員会の設置を提案しました。当時、全員協議会は活かされていませんでした。会派の中で提案しましたが、もちろん改革が必要と思ったのは、私だけではないですが、各派代表者会議の中で抵抗があったと聞いております。

当時の会派の会長……正副議長……議員たちが、がんばっていただいて委員会ができました。そちらで議会基本条例も練った。

私も条例の中に、議員間討議を重視しようと進めました。条例の中で議員間討議を盛り込みましたが、やってみたら議員間討議をやる場がなかったと気付きました。とりあえず小さいことですが、各常任委員間の委員長シナリオに、「議員間討議を行います」という言い回しを入れることを提案しました。今は、その議員間討議が各議員、また議会全体からの提案や意思表示などにつながっています。

しかし、その言い回しがなかったら、絶対それはなかった。その小さい改善が派手なことよりも大事だと思っております。議員間討議の場を設けるため……会期中の全員協議会は私の提案でした。

なぜならば、本会議の一般質問や議案質疑の「1人議員対行政」は、おかしいと思ったからです。議員同士、その内容を議論できる場を設けるべきと、提案しました。その議員間討議は役に立っていますが、もっと活用できると思っております。

先週の議会運営委員会で委員長から質疑のやり方について指摘がありました。質疑中に議員が意見などを言い過ぎという指摘でした。私は賛成意見を述べさせていただきました。なぜならば、各議員の意見はとても大事だと思っておりますが、意見は質疑に馴染まないし、ルールがあるからだけではなく、行政と平行線の議論を永遠にするよりも議員間討議に持っていけば、効果につながると思っているからです。

それと、他の会議の改善を議長として実施したいです。そうすれば、皆さんの市民から吸い上げた意見がもっと市政に反映するようになると信じております。

最近、また議会改革が課題になっています。私は議員になってから今までずっと改革を進めました。14年前、最初の一般質問で、議会の動画のインターネット等での公開を提案しました。実現となって、今はすべての会議が放映されています。

そして、先日の全員協議会で市民参加型議会などを提案しました。正直に言えば、皆ではないけれど、改革に抵抗する人もいますが、改革を進めた多くの議員の中で私もその一人だと思っております。

委員会の議員間討議も言いっぱなしで終わってしまっては意味がないと思って、数回ぐらい委員の意見の集約をさせて、今までなかった委員長報告の使い方を通じて、これが行政対策の改善につながりました。コミュニティバスの台数増はその一つです。

しかし、無視された意見もありました。だからこそ議長として議会の意見を取るようにします。議会からの意見や提案を求めている市長がいる今だからこそ、議員の意見集約はさらに大事になりました。私は何回も委員長を通してだけではなく、委員会の意見をまとめました。副議長をやった時、選挙公営費のポスター代、その限度額等の削減を進めました。それは議員提案条例改正につながりました。

こちらにいる皆さんには実績がある。議会人の経験が十分集まったら、誰が議長になってもおかしくありません。今は、私の経験や実績などを踏まえて、議長として前進がはかれると強く思っております。皆さん、今日、派閥・花道・肩書・裏工作ではなくて、さらに市民に役立つ議会になるようにしましょう。市民が見ています。
最後に２年前と同じセリフで終わりたいと思っております。この数年に我々が図る前進は未来へ向ける前例となります。私は前例よりも前進から、前進から前例の時代にします。以上で終わります。ありがとうございました」

続いて相手候補の演説が入り、議長選挙に入りました。

副議長「これですべての立候補者の所信表明演説が終わりました。それではこれから、15分程度時間をとりたいと思います。その後、本会議を再開いたしまして、議長選挙を行いますが、立候補者が２名ですので、選挙は投票により行うことになります」

3 議長選はまさかの結果に

その15分はすごく長く感じました。たとえ負けると分かっていても、票を数えるまでは多少の希望がでてきます。投票が始まる前に、周りを見回し、けいちゃんと傍聴席の支援に来ていただいた皆さんに笑顔を向けました。

2度目の議長選挙

副議長「休憩前に引き続き、本会議を再開いたします。これより議長選挙を行います。お諮りいたします。選挙の方法につきましては、投票で行いたいと思いますが、これにご異議ありませんか」〔「異議なし」の声起こる〕

「異議なしと認めます。よって、選挙の方法は投票と決定いたしました。それでは、議長選挙を行います。ただいまの出席議員は20名であります。
投票用紙を配付させます」
〔投票用紙配付後、順次投票へ〕
〔点呼投票〕

副議長　「投票漏れはありませんか」
〔「なし」の声起こる〕
「投票漏れなしと認めます。投票を終了いたします。これより開票を行います。
会議規則第30条第２項の規定により、立会人に２番　Y議員、18番　S議員を指名いたします。よって、両議員の立ち会いをお願いいたします」

皆さんに確認のため投票箱の中を見せるのですが、その投票箱が中々開かず、その時には、緊張感が張りつめた議場に笑い声が響きました。「壊してもいいよ！」と私が大きな声で冗談を言いました。

議長席で投票用紙を数えている時に、大体の票がどのように分かれているかは議員席から見えます。案外と僅差のようでした。私にはその時間が何時間もかかっていると感じました。票の1枚が2つの山から外にはずれました。やはり、10対9、白票1つで負けると思っていた時、投票結果の発表が始まりました。

副議長「選挙の結果を報告いたします。投票総数20票。これは先ほどの出席議員数に符合いたしております。そのうち有効投票数19票。有効投票中、U議員9票、ビアンキ　アンソニー議員10票、以上のとおりであります。この選挙の法定得票数は5票であります。よって、ビアンキ　アンソニー議員が議長に当選されました。会議規則第31条第2項の規定により、議長に当選されましたことをビアンキ　アンソニー議員に告知いたします。議事の進行上、暫時休憩いたします」

新議長当選!

この結果をきいて、非常にびっくりしました。何が起こったのか？　その時は全然考えるような余裕はなかったのです。次は新議長として挨拶しないといけませんが、負けると思っていたから何も考えていなかった。次のような挨拶をしました。

私の議長選直後の挨拶「こういう結果が出るとは本当は思わなかったので、何も準備していなかった。本当に偉そうなことは言えない、それぐらいの差しかなかったので。もう一つつらいのは、私が議員になった時に、同じ時にU議員と一緒に入りました。でも、しょうがない、我々の仕事はこういう仕事です。

皆さんのためにがんばります。皆さんの議長になるように、議会の発展につながるように、私は一生懸命やります。それは間違いない。たまには皆さんが耳をちょっとやわらかくして、私の日本語を聞いていただければありがたい。私はがんばりますので、よろしくお願いします。ありがとうございました」

ここから、私の議長の任期が始まりました。自分がベストな候補者で、演説もベストと思いたいですが、手を挙げる人たちは皆そう思っているはずでしょう。

どちらにしろ、チャンスをいただきました。これを上手に活用しないといけません。何をやっても、抵抗があるんだと計算しながら、議長としてやりたいこと、起こしたい改革を大きな3つに絞ってがんばると決めました。できるだけ、それらに邪魔にならないよう、もめごとにならないように扱っていかねばと思いました。

4 市民フリースピーチ！実現は今しかない

副議長については、今回の結果から考えれば、私の所属会派のメンバーは遠慮するのが普通で、他の会派から誰かが手を挙げると思っていました。

しかし実際には、誰も副議長の席を受けてくれる人がいなかったのです。これも理由は想像しかできないが、タバコ部屋（議員の井戸端会の場所）から聞いた話では、ビアンキには協力しない、少なくとも協力している体制を見せないという噂を耳にしました。詳しい説明は遠慮しますが、苦労して、やっと副議長が決まっただけ、ここでは言うにとどめておきます。

ここから本格的に議長の２年が始まりました。

議長の仕事とは？

当時までの議長の役割を言うと、言い方は悪いが、名誉職に近い「保守系」の考え方を持った方が就くポストで、議会が円満にスムーズに進むようにするのが仕事と言われていました。

私は、円満円滑という言葉は好きではありません。結局、そこにある本当の意味は「なあなあまあまあ」で行政が出す案件が無事に通るようにするという意味です。それではただバッジを付けているというだけで、職員と同じになってしまいます。

“Prince Otto von Bismarck, the first Chancellor of Germany said, “Laws are like sausages, it is better not to see them being made.”

「法律はソーセージのよう、つくる過程は見ないほうが良い」――オットー・フォン・ビスマルク（初代ドイツ首相）

議場は議論する場であり、円満と円滑よりも市民のために適切な議決をすることが、目的の場です。円満、円滑よりも活発な議論をするように図るのが、議長の役割だと思っています。しかし、今までそうではなかったので、どうやってやるか、いかに議長から押し付けられていると各議員に思われないようにするか、よく考えないといけません。

それと同時に、一人では何もできないということを、よく頭にインプットしてがんばるしかないと強く感じました。

そこで、まずは議長のポストを持ちながら現実的なゴールを考ました。

主に関係している3点で説明すると、議員間討議の促進と活用は共通点があります。それらは簡単に言えば、①議員一人ひとりじゃなくて、議会は議会として権限を発揮できるような機関にすること。何年も前から、私が提案して議員間討議の活用の仕組みがある程度定着したが、それをもう一歩前へ進め、一年の本会議、委員会、全員協議会の議論、質疑や質問や討議等を活用し政策立案につながらせること。

それと、②各常任委員会の一年の議論を中心にして、9月決算審議後、議会として新年度に向かって政策提言をできるような仕組みを設置することです。

そして、③今、課題としている市民参加促進、特にフリースピーチ制度の実現です。机上論としては良かったが、どうやって実現するのかは別の話でした。まずは各計画を提案する前に議会事務局と相談し、協力を得る。さらに副議長になった方の協力を得ないといけません。

副議長との役割・ルールづくり

副議長の役割にもっと魅力を持たせるようにしようと思いました。というのも、今まで副議長はロウソクのようで、停電がない限り必要なく、ただ引き出しに入っているだけで良かったのです。

議長と副議長との人間関係や考え方なども大事です。しかし、真摯に付き合うなら、必ずや良い関係ができると信じていました。それと適切な方々に役割を分担することも大切だと思っていました。正直に言えば、当時の犬山市議会の様子に対して、私の性格からかもしれませんが、思ったよりも自分を抑えることがなかなか大変でした。

まずは任意の委員会として、「議会改革委員会」を立ち上げようと思いました。副議長が私と同じ思いでぜひその委員会の委員長になりたいと意欲を見せてくれました。私の図りたかった改革はそこで議論することになるので、これは大きな一歩です。

ある日、議長室のドアを閉めて副議長と半日以上、委員会のやり方とお互いの考え方を話しました。結果、お互いに副議長がその委員会の委員長になってもらうことが良いと決めました。その後、議長への報告の仕方や、その役割について事務局を混えてのルールをつくりました。

フリースピーチ制度について、２０１７（平成29）年7月18日の全員協議会で、再度課題にいたしました。次は議事録の一部です。

私「犬山市議会議会改革委員会について……開きたいと思います。それで一つだけ、私のほうから簡単に説明させていただきたいと思います。

私は以前に市民参加の議会の提案をしましたので、それは改革委員会で議論になると思いますが、……私の説明があまりにも良くなかったみたいで誤解を招きました。……結局、市民が我々に語る会みたいに意見が言えるだけのことです。ただ場所が議場になるか、みんなが居る場については、今は、うたっていくつもりはありません。一応、私のこの前の説明がいろいろ誤解を招いたので、またゼロに戻って考えていただければありがたいと思います」

議会改革委員会の結論を待つ間はすごく長く待ったような気がしました。その間はというと、眠れない日も多かったし、怒りを抑えることも多々ありました。

しかし、議長提案だから、まあ「やってみよう」という結論になって、８月25日の全員協議会において、議会改革委員会の委員長に次の報告がありました

委員長　「市民参加によるフリースピーチ制度についてであります。このことについても委員会で詳細はまだ今後ということでありますが、まず、やってみようと。そこから始めようということで、全員の意見が一致しました。

簡単にどのようなものかというのは……開催する時を定例会の本会議終了後、そこで市民から公募いたしまして、我こそは議会でものを言いたいという方について、公募して、応募された方の中から最大で10人、これは応募される方が１人かあるいは10人か０かもわかりませんが、公募をして応募した人に対して、本会議場で３分間スピーチをしていただくということであります。

簡単に言うと、正副議長の所信表明を思い浮かべていただきたいと思います。正副議長の所信表明は、本会議場にて議員が各議席に座って、答弁台でそれぞれの候補者が所信を表明する。所信を表明して、言葉は悪いですけど、言いっぱなしで質疑等々はないということであります。

市民が答弁台に立って、我々に向けて3分間、3分以内でスピーチをするということを想定していただければ、イメージがしやすいのかな、と思います。

この件につきましては、先ほど申し上げましたとおり、やってみようという方向性の一致です。詳細については、今日のこの皆さんのご意見を聞いて詰めていくという段取りをしておりますので、ご審議のほどをよろしくお願いします」

どんな状況でも諦めないで

私がこの議長選挙で経験したことをふまえて、今いろいろな逆風を受けている、がんばっている皆さんに大事なことを言っておきたいです。

まずは諦めないでください。いつ、どうやって、どんなチャンスがやってくるかわかりません。その時に、そのチャンスを活用できるように準備しておいてください。

その準備には、疑われる、足を引っ張られる、嫉妬される等々を視野に入れておかないと失敗します。もう一つ大事なのは自分のプライドよりも、市民への効果が一番大事なのだということを決して忘れてはいけないということです。

5 議会事務局から見た市民フリースピーチ

次の文章は、犬山市議会事務局の粥川仁也《かゆかわひとなり》課長補佐にお願いしたものです。特に彼の協力がなかったら実現は到底無理でした。粥川課長補佐の文書は、いただいたままで掲載させていただきます。

犬山市議会事務局議事課の粥川と申します。

ビアンキ議員から、市民フリースピーチ制度の関係で、導入当初の議会事務局の話を文章化してほしいと依頼がありました。しかも、「参考書のような堅苦しいものではなく、読みものとして楽しく！」「これを読んだ議会事務局の職員の方が参考になるようなものを書いてほしい！」とも言われましたので、頭を抱えながらパソコンの前で作業中です。

今回、当時の上司が退職してしまったため、唯一当時を知る私が執筆していますが、あくまで個人的な感想であり、犬山市議会事務局の公式の見解でないことはご了解いただくようお願いいいたします。

私たち事務局が、ビアンキ議員から、市民フリースピーチ制度を知らされたのは、平成29年5月、ビアンキ新議長が誕生したすぐ後でした。

議長室での打ち合わせの中で市民フリースピーチ制度の構想を聞いた時、心の中で「なにそれ？」と思いました。一地方公務員が、アメリカの行政の制度なんて普通知りませんから、「未知との遭遇」で思考が停止したのを今でも覚えています。

その後、議長をあまり刺激しないように、慎重かつ、大胆にヒアリングを行い、議長のフリースピーチに対する熱い思いが本物であると確信し、それに全力で応えていくことになりました。

しかし、議長の当初の提案はかなり壮大なもので、そのまま全員協議会（＝議員全員が話し合いをする会議）に提案しても話が壮大すぎて実現しないとも思いましたので、議長のやりたいことの本意を崩さずに、実務として、現在の議会事務局の体制（当時は、局長以下正規職員3名、パート1名でした）でできるように、リサイズする必要がありました。

そこでパート職員を含む、議事課全員で細かい事務なども含めて、協議をして制度の概要案を作成し、その都度、議長と調整しながら、議長の本意を壊さないよう制度の概要をつくりました。

調整した部分をいくつか紹介しますと、「本会議で市民が自由に発言できる制度をつくりたい」というオーダーのうち「本会議」をそのまま採用すると、市民をどのような位置づけで本会議に呼んで発言させるのかという部分で複雑になりそうでした（本会議中に市民に発言していただくなら、参考人招致という形となり、交通費などの費用弁償が発生する）。

そこで、「本会議」を「定例会中」とし、本会議終了後の夕方や定例会中の休日に開催するという形に変更してはどうかと提案しました。

また、市民の意見を受け、「議員で協議し、行政に適切な対応をする」際の具体例がなかったため、「決議、申し入れ等」を想定してはどうかと提案をしました。

フリースピーチ開催に伴う当日の運営については、基本的に議事課にて案をつくり、ビアンキ議長に追認いただく形で進めていきました。

市民フリースピーチの制度概要は、比較的順調につくり出すことができましたが、事務局としての心配ごとは山ほどありました。それは、他の議員や市民から、この未知の制度に対してどのような反応があるかということでした。

一番近くで、一番たくさんこの制度のことを聞いた私たちでも、一定の理解をするまでに時間を要しました。他の方々がどのように理解されるか心配でした。一般的な話をすれば、市民の要望を議会に伝えるのであれば、請願・陳情という制度があります。

また、犬山市議会でも市民との意見交換会を実施して市民の意見を聞いています。「そこまでしてやる必要があるのか？」などの懐疑的な意見が出るのではないかと、本当に心配していました。

そこで、私たちもなぜフリースピーチ制度を実施するのか意義を再確認し、事務局としてもそういった声があれば答えられるように準備はしていました。

さて、実際のところですが、まず、議員については、オフィシャルな部分ですと、当初制度の概要を理解していただくのに時間がかかり、他の事務的な理由もあり、フリースピーチを開始するのは、平成30年2月28日となりました。

実際に私たちが想像したことが、議員間の協議等で行われたか、ここでは書ききれないため割愛しますが、犬山市議会はすべての公式の会議の会議録を公開しておりますので、ご興味のある方・お時間のある方はぜひ、ご一読ください。

以前、市民フリースピーチ制度の講話の依頼があった際に、私も会議録も一部読み返しました。個人的な感想を申し上げますと「議会は多様性社会の象徴」だと痛感しました。今風に言うなら、斜め上を行く展開というやつですね。

ちなみに、市民への心配は全くの杞憂に終わりました。これはフリースピーチが「議場」で「自由」に「5分間」話せるというわかりやすい制度のためと分析しています。

さて、話は少し変わりますが、他市議会からの行政視察の対応で、「犬山市議会でフリースピーチが実施できたのはなぜか？」と聞かれることがあります。

事務局の目線になりますが、その要因をいくつか書きますと、まずは、犬山市議会に「討議」が定着していたことだと考えます。

犬山市議会では、平成22年度から議員間討議の場を設けています。「討議」とは議員同士が自由な立場で意見を出し合い、争点を明らかにしたり、意見の違いや共通点を確認し、よりよい答えを導き出すための手法だと思います。「討議」をするには、相手の話を聞く「姿勢」をとることが不可欠です。長年、議員間討議の場を設け、続けてきたことで、議員全員が自分とは異なった意見であっても、聞く姿勢をもつ習慣があったことが、フリースピーチ実施に繋がったと思います。

正直な話、議員の中でも様々な意見（懐疑的な意見もあったということです）がありましたが、それでも犬山市議会は議員間討議の末、議会としてフリースピーチ実施を決めています。

ビアンキ議長や他の議員の皆さんにも打ち合わせのレベルでは事務局の意見も聞いていただきました。

次に「議会」だけではなく「行政」「市民」の協力があったからだと思います。ただ、提案するだけならば、議会だけでできますが、実効性のある制度にするには、行政に動いてもらうしかありません。幸いにも今の行政側は、議会側の意見を尊重していただける関係にあります。

最後に、制度をつくっても、参加してくださる「市民」がいなければ、話になりません。参加していただいた市民の皆さんに感謝するばかりです。

さて、こういう話を書くと、犬山市議会はすごい議会だとと思われてしまいがちですが、そんなことはありません。

ビアンキ議員という、全国的にも注目を浴びる議員もおりますが、そういった部分を差し引けば、全国のどこにでもある普通の地方議会のひとつです。

しかし、裏を返せば、犬山市議会のようなことや、犬山市議会以上のことをやるポテンシャルは、どこの地方議会にもあると思います。

個人的には今後、市民フリースピーチ制度が他の議会に広まっていくといいなと思います。犬山市議会のフリースピーチは何回か開催し様々な課題も出てきているため、他市議会の事例で成功例があれば、ぜひ参考にしていきたいものです。

※筆者は粥川課長補佐と一緒に、２０１９年5月に愛知大学でローカルマニフェスト連盟「第14回マニフェスト大賞キックオフ大会」でもこの件について発表したこともあります。(https://vimeo.com/338580521) ぜひ、ご覧になってください。

コラム 2

議長が目的地をしっかりと伝える方法

議長が全員協議会などで勝手に話しすぎるのはよくないことで、逆効果をもたらします。全議員に方向性を伝える方法に悩みながら、自然な成り行きで最初の定例議会の準備をしていた時、目の前にパッと方法があらわれました。

議長の開会と閉会の挨拶です！　議員の皆さんは当然、挨拶を聞かないといけないし、間接的に上手に伝えれば効果もあるかもしれません。今までは、無難な時候の挨拶で始まる事務局がつくった文章でしか聞くことはなかったので、やってみても損にはならないと考えました。

最初の定例会、緊張しながらも次の挨拶をしました。

「６月定例会の開会に当たって、一言挨拶をさせていただきます。……お互いの一般質問と議案質疑とその答弁の市民への影響をよくつかんで、全員協議会、または委員会の議員間討議の中でよく議論しあっていただき、市民のため市政に反映するよう、その議論を合意形成し、形に残していただければいいと思います。……議員各位、その方法を考えて、できるように再び専念していただきたいと思っております。私もそうします。皆さん、議会の意見をしっかり反映させるように精いっぱいさせていただきます」

この挨拶で自分の議長の目的のひとつとして、議員間討議の促進を通じて議員の発言、特に一般質問の活用を示しました。それをさらに実現するため、すでに設置されている会期中の全員協議会での議員間討議の時間を政策提案に有効につながるようにしようと思いました。議員間討議で議論を起こすために、議長または委員長の役割があるのです。

第3章

市民が議場へやってきた
―フリースピーチ実施へ！

1 フリースピーチようやく実施へ！

最初に全市民に、フリースピーチが具体的に始まることを示したのは、犬山市広報の議長の新年挨拶においてでした。私がなによりも力を入れないといけないと考えたのは市民への周知でした。先ずは市広報に載せる宣伝の中身を考えました。

「仏つくって魂いれず」ではなく、最初に自分の気持ちをまとめ制度の精神と設置するちゃんとした根拠を示さないと意味がないのと一緒です。さらにその「魂」があっても、それを市民に上手に伝えないと意味がないとよくわかりました。

というのは、地方議会だけではなく、現代の日本は本質に向かって解決を探すよりも、形だけで何かやっているように見せれば良いというのが普通になってしまっているように思えてならないからです。

工程を組み立てる

２０１８（平成30）年２月28日、定例会の開会日に、第一回の市民フリースピーチ制度を行うことに決めました。これには理由があります。というのも、ほんとうは２０１７（平成29）年の12月に実施したかった。統一地方選挙（２０１９（平成31）年４月）までの約１年３か月の間に４回やりたかったからです。

統一選を前にした議会解散前の平成31年３月議会で行えば、その発言を扱う時間が足りないし、犬山市長選挙は（２０１８年）12月ですので、次の12月定例会は11月に前倒しとなり、９月定例会が終わってからでは、十分に準備できる時間がありません。選挙を経て、制度が続けば、早くても９月議会に再開となり、それによる一年の空白をつくるのは良くないと思いました。そのギャップはフリースピーチの導入に後ろ向きな方には、有利に使える等の心配があったのです。

逆に、「ゴーサイン」が出た２０１７年８月の全員協議会から宣伝、市民への周知、物理的な準備等々を考えてみる余裕ができると思いました。例えば、第一回目で発言応募者が誰もいなかったら、フリースピーチをすることの危機につながると思いました。

その理由は、議会からの議長提案だから「やってみよう」、つまりはしょうがないという意味の「ゴーサイン」だったから、どんな小さい失敗でも「やってみた、もうやめよう！」という議論材料にすぐ利用されかねないからです。

3回しっかりやって、次期に継続すべき証拠を出すことが、継続に反対している議員が反対できないようにするためのベストな戦略と考えたのです。

広報に徹する

今まで見たことがない、聞いたことがないというフリースピーチ制度についての周知と、もっと大事なのはその根拠と精神をどうやって伝えるか、そして形だけの改革との違いを知ってもらうかについては本当に悩みました。

理想を達成するのが難しくても、そこを目指さないといけません。さらに、誠意を持って市民に訴えるなら、理解してくれる方がいるし、そこから理解が広がると信じています。そう考えながら、市の広報、議会報、各イベントや団体の総会等々での議長挨拶を活用し、マスコミにもお願いし、できる限りの宣伝等をしたのです。

2 本格的な周知と応募数の心配

制度の根幹や精神をどのように伝えるか

私には当たり前のことだと思っていたフリースピーチですが、日本ではまだ常識になっていないことなので、この制度を知ってもらうことに力を注がないといけません。政治家や議会のリップサービスとかパフォーマンスに疲れ切った市民が参加することに意味がある。政治不審がつのり政治や議会に関心がなくなっている市民の方々に理解してもらえなければ、第一回のフリースピーチは最初で最後のものになってしまいます。

当時はフリースピーチの実施について、議会で説得することで頭が一杯でした。市民への周知だけではなく、制度の根拠や精神等々を伝えることをあまり具体的に考えていなかったのです。

物理的な運営、応募の仕方等々を周知しないといけないとはいえ、まずはその根拠と精神を重視することに決めました。以下は広報の新年の議長挨拶です。実際の広報での記事ですが、次のようにまとめました。

「民主主義は市民の希望と参加で始まります。市議会の皆も市民です。市民同士でがんばって全市民の生活と犬山全市をより良くしましょう！」

フリースピーチの第一回の応募者に対しては、市広報の宣伝記事で冒頭に次のように伝えました。

「民主主義は市民の希望と参加で始まります。その希望を示すよう、また市民が参加できるよう、犬山市議会は、市民が議会（議場）で全議員に発言できる制度を実施します。議会は市民からいただいた意見を全員協議会などの議論の中で熟慮し、適切なアクションをとります。そして、さらに市民の議会への関心と期待を高め、市民により身近で開かれた議会の実現に努めます。議会は、市民の参加を期待しています」

この広報の記事が出てから何年も後になりますが、「民主主義は市民の希望と参加で始まります」という部分を読んだ時に市民フリースピーチに参加しようと決めたと、市民発言者から直接言われました。また議場で発言中にも言ってくれました。

私は、市民の口からその言葉を聞いてジ～ンときて、感動を覚えたのは言うまでもありません。

次々にわき起こる心配のたね

さて、第一回の応募期間に入るまでの実施が決まったことで、ほんの一瞬だけほっとましたが、次に大きな不安となったのが市民の反応です。

◯市民にこのフリースピーチをやることが十分伝わったのか？

◯フリースピーチは何なのかが十分通じているのか？

私とは国民性が違うから、市民の方が議場で立って発言するのは確かにとても大きな勇気が要ります。はたして日本人は自ら手を挙げてくれるかな？

心配だらけでした。

毎日、事務局に「今日は、申し込みは入りましたか?」と聞きたかったが、止めました。実際ちょこちょこと事務局に電話の問い合わせがありました。議長室の中から時々耳を傾けて聞いていましたが、応募締め切りが近くなってきても正式な応募が一、二件しかなく、また毎晩眠れなくなりました。

もし、この第一回目が上手くいかないとしたら、次はどれだけやりにくいか……。

8月25日の全員協議会で出した計画が、いよいよ「やってみる」と決まりました。宣伝などの余裕を持つために12月スタートをやめて、任期が終わるまで一回減らすことにはなってしまうが、3月定例会からの開始と決めました。議会事務局がしっかり準備してくれて、私は自分のできる宣伝にできるだけ注力しました。

私はとにかく、この時間を一生懸命活用しようと決めました。

3 マッカーサーの発言の意味がやっとわかった

２０１７（平成29）年８月にやってみることは決まったが、次に詳細を固めて、議会への説明をしなければいけないという作業がまだ残っていました。
そこで、２０１７年11月の全員協議会で事務局と一緒にまとめた案の報告を行いました。

全員協議会でのはがゆいやりとり

その時の議論がありました。当時の会議録から一部抜粋いたしました。

議長（私）「市民フリースピーチ制度について、事務局から説明をお願いします」

議事課長「先の全員協議会で要項を作成する旨の説明をさせていただきましたが、

例規担当とも相談しまして、運用でもよいのではないかというアドバイスもありましたので、……概要を運用の基本としまして、当面、まずは要項をつくらずに始めることにしたいと思っております。

制度の概要につきましては、今までお決めいただいたことを概ね記載してありますが、12月定例会後かもしくは年明けにはホームページに掲載するなり、あるいは紙ベースで制度を3月定例会から始めるということをご案内していきたいと思っております。

次に3月定例会での演説の募集についての広報とホームページの案内になりますが、本日ご了解いただければ、1月15日号の広報にこの原稿案を掲載し、同時にホームページやFacebookでも案内をしていきたいと思っております。

時間につきましては、第一回ということで、市民の皆様が参加しやすい午後6時半からということにしてあります。7名で1人5分以内ということで、発言内容を確認する時間等を含めますと、最長で考えますと概ね1時間半、午後8時頃までということを想定しております。

申し込みについてですが、資料3枚目の申込書で提出していただくか、必要事項を記載し、メールやＦＡＸで送信していただくことも可能としております。
スケジュールとしましては、今後1月中旬より募集を始めまして、３月定例会前の全員協議会の前日に応募を締め切り、３月定例会前の全員協議会で応募状況をご説明し、その際、申し込みにより演説の可否を決定していただき、３月定例会開会日に実施という流れで考えております。……以上です」

議長（私）「説明は終わりました。何かありましたら。Ａ議員」

Ａ議員「このフリースピーチ制度は、１回試しにやってみましょうという話だったんですけど、これは、実施回数が各定例会1回と書いてあります。これはどうやって決めたんですか。１回やってみましょうかね、という話は。この件については、私は聞いていません」

議長（私）「すみません。最初から出しました。毎回の定例会に1回と。今年、４回と最初から言いましたよ」

Ａ議員「試しにやってみたいから1回やってみましょうということは聞きましたけど」

議長（私）「最初に出した紙に書いてありました。この段階でそういう話が出てくると困ります。そういうふうに思っている方がいるなら、ぜひご意見をください。B議員」

B議員「僕としては、毎定例会にやっていく前提で、中身については、まずやってみようということだったかなという記憶なので、詳細は、まずやってみて、訂正する所があれば直していこうということなので、特にこれで問題があるというふうには思わないですが、ただこれでずっといくというわけではなくて、まずやってみて、その都度修正がある所があれば、直していくということかなと思うんですけれども」

議長（私）「それは当たり前のことだと思っております。やはり今までやっていないことだから、やってみないとわからない。

もう一つは、今回の最後の選挙前の議会ではやらないようにします。なぜならば、……これを最後までやっていくと、（選挙後の）次の議長や、新しい議会がなかなか止めにくいと思う。……だから一旦切って、選挙が終わってからもう一度これを続けてもいいかどうか、皆さんの意見をまとめることができるようにというふうにやっていきたいと思います。

ごめんなさい。最初からそれを何回も説明したつもりでいますが、言葉が足りなかったら申し訳ありません。いいですか。Ｃ議員」

Ｃ議員「日本初と書いてあるんですけど、本当に日本初ですかね。例えば戦後のごたごたとか、わからないですが、ちょっと気になったものですから」

議長（私）「知っている限りの範囲で」

Ｃ議員「そういうレベルですよね」

議長（私）「委員会でやっているところがありますが、議員全員の前で発言をしているかが」

Ｃ議員「日本初」

議長（私）「名古屋市会では、委員会でやっています。実は向こうの事務局に確認しました。どういうふうにやっているかは、市長が議会にお願いして、委員会の前にただ言いっ放しでやっています。市民から我々にいただいた意見は、このような全協の場で必要であれば扱っていこうと思っています。名古屋市はそこまでの制度もないし、各委員会で行っており、議員全員を前に発言しているわけではないです。その言葉が気になる人がいれば、もちろん消しても構いません。ちょっとインパクトを入れようと思っただけですから」

C議員 「わかりました」

議長（私） 「いいですか。この件について他にありませんか」

〔「なし。」の声起こる〕

こみ上げてくる怒り

この会議後、私は非常に怒りを覚えました。決まったことまで反対しようとする。本質ではなくて、重箱のすみを突くような方をなかなか受け入れることができなかったのです。

マッカーサーの言葉で、「日本は12歳でできた国」という言葉が急に頭に浮かんできました。初めてその言葉を聞いた時は、冷たくて失礼だなという気持ちでした。私は日本にきた時から優しい、思いやりのある、心の平静な方々が多い国民性なのに、なんでマッカーサーがこのようなことを言ったのかなあと思いました。

今になって、やっとわかったのは、マッカーサーが知っているのは仕事上でつきあった政治家や官僚タイプだけだったのではないかと。

4 第一回目に向かって——構想から制度設計へ

市民にこの制度の精神が十分通じているかどうかわからないまま、さらにはまだ足を引っ張りたい議員が多いまま、そして私は寝不足のまま、前に進みました。

ある日、近隣の市町の議長会に参加し、帰る途中に事務局から応募者が定員まで達しましたと、電話を受けました。進みながらいろいろな改善を考えようと思い、次のような発想をもとに第一回のフリースピーチの構想を固めていきます。

制度の目的

制度の概要——犬山市議会では、定例会会期中、市民が議場で発言する機会を確保することにより、市民の議会への関心を高め、市民により身近で開かれた議会の実現に努めることを目的として、市民フリースピーチ（5分間発言）制度を実施します。

議会は市民からいただいた提案を全員協議会などの議論の中で熟慮し、適切にアクションします。市民の発言により、議会が動く、行政と協力して、改善を図れば、市民は肌で草の根民主主義のプロセスを感じます。市民、行政と議会の役割は明確に見えるし、プロセスに参加する価値も実感します。

それが直接の目的ではありませんが、この制度が定着すればするほど、下がっている投票率と、議員のなり手問題の解決につながると信じております。

完全な議会の行事です

市民フリースピーチ制度は議会の行事であります。市民が発言を行う時市長や行政の方達は呼んでいません。

これは大事なポイントです。市長や行政の皆さんが議場で当然なこととして聞いていると思われています。実際、制度が実施された後に視察に来られた方からもよく言われました。私は、とても不思議に思いました。議員でも行政がいないと、何もできないのか？　このような行事をやれば、行政がそこにいるのが当たり前と思うのは情けないことです。行政と議会のバランスが悪いと議会の独立性のなさと、一部の議員の行政との依存症または癒着を完璧に表します。

これは行政に対しての批判ではなくて、議員の意識が低いという批判です。ちなみに、犬山市民フリースピーチの場合、市長や副市長は時間が空いているなら、個人で傍聴席に座っています。

議会は独立機関、行政の参加を求めない！

市役所の建物の運営は行政側がしています。議会の判断に協力していただこうと思ったが、礼儀としてまず市長に相談と協力のお願いに行きました。

市長は協力的でした。会談の終わり頃、「細かいところは議事課から市担当に連絡させますが、2月28日の夜に最初のフリースピーチやろうと思っています」と言いました。その時、市長から「もうやる日は決まっていますか？　私の予定を確認して、また返事をします」

最初は「えっ？」と思ったし、意味がわからなかった。というのも、市長のスケジュールとフリースピーチの開催は何ら関係がありません。これは議会の行事だと言いました。

「議会が何かする時、当たり前のように行政と一緒にやらないとできません」では、まるで議会は行政なしでは何もできないと言ってるようなものです。この意識が案外に多いのです。

率直に言えば、多くの議員も、多くの議会も残念ながら行政依存症であります。

その時、なるほどな、市長は議場の使用をするだけではなく、参加することを依頼されていると思っていることがわかりました。困ったなあと思いました。

「市長の予定が空いているならぜひ来ていただければありがたいですが、議会の行事であるので無理しなくてもよろしいです」

相手の気持ちを配慮しながら答えました。ほんの一瞬気まずい空気でしたが、市長がすぐ意味を理解してくれました。もちろんその時から議場を使うことに協力してくれました。その後、市長もたまにはフリースピーチを傍聴しにきました。

フリースピーチを通じて議会と行政の関係について、いろいろ気づくことがありま

市民フリースピーチ（５分間発言）申込書

令和　　年　　月　　日

犬山市議会議長　　　　　　様

発言申出者　住　所　〒

ふりがな
氏　名＿＿＿＿＿＿＿＿　年齢＿＿歳　性別＿男・女＿

在勤先・在学先名＿＿＿＿＿＿＿＿＿＿＿＿＿
（例：○○会社　○○課　や　○○中学校　○年生など）

連絡先（昼間に連絡可能な電話番号、メールアドレス）

発言項目＿＿＿＿＿＿＿＿＿＿＿＿＿＿＿＿＿＿
※提出後の発言項目の変更はできません。

発言内容＿＿＿＿＿＿＿＿＿＿＿＿＿＿＿＿＿＿

発言時配布資料の有無　　　有（　一部提出ください　　）・　無

その他

上記の内容について発言したいので、発言者が守るべき事項を遵守の上申し出ます。

発言者の禁止事項
（１）個人のプライバシーに関することや中傷的な発言
（２）大声で叫んだり、脅迫的、又は罵倒するような発言
（３）会議の秩序ある運営を乱すようなその他の言動
（４）決められた発言時間の超過
（５）上記に掲げる行動をしたときは、議長がその行動を制止し、又は退場させる場合があります。

現在使われている実際の申込書

した。市民フリースピーチが近づいてくると、行政は非常に敏感になります。

多くの市長や行政のえらい方は、議会と行政は車の両輪と言いますが、これは議会が素直なら、という意味で使っているのです。

発言と発言者について

当日、Youtube（ユーチューブ）により、映像配信します。報道機関に対して、発言の撮影を許可する場合があります。議会事務局が大変忙しいため発言の記録は作成しませんが、確認が必要であれば、録画を残しています。

議会の対応

議会は発言をいただいてから、次の全員協議会で各発言を取り上げて、議長のもとで協議します。ケースバイケースですが、そこで対応を決めます。

その結果は発言者へ直接、郵便でお知らせして、市のホームページにも公開します。

全員協議会の扱いを説明するためフローチャートを提供いたします。

現在の扱い方は何度か回を重ねてできました。そのプロセスについては後ほど、詳しく説明いたします。

物理的な準備と宣伝

多くの市民が参加できるように平日の夜や日曜日の朝とか、普通の人にとっての時間外でやらなければなりません。議場は議会のもので、議会の判断で使えるようにすることは言うまでもないです。

議会事務局の準備

議員の受けはなかなか良いとは言えず、どんな小さなミスや課題でも抵抗派の武器になり、これを理由に潰しにかかってきます。だからこそ、議会事務局の努力と協力がなかったらフリースピーチ制度の実現は間違いなく不可能で、継続は無理です。議会事務局、名前から役割、人事任命と人数まで課題はたくさんあります。

フリースピーチ制度を実現した時の状況について話しを絞ります。

2章の粥川課長補佐の文章（65頁）を読み直すと、なるほど事務局の目線と私の目線とは、考えが違うなと思いました。様々な理由があると思いますが、事務局の皆さんが一生懸命やってくれていたとわかったので、一つひとつ相談しながら決めていきました。

私が議員の反応に敏感で気を取られていた時に、彼は静かに準備をしてくれていました。例えば、物理的にどうやって制度を動かすか、どうやって時間外に市民を1階から6階の議場まで誘導するか、会議の進行のシナリオづくりなどをしてくれました。

市広報においての宣伝、スペースの確保やタイミングや内容づくりの協力、市民への説明と応募書類作成など、率先して、私の負担にならないようやってくれました。

最終的に議長として責任は私にあるのだが、私は責任者として、一生懸命やってくれた同じチームの多くの意見を聞いて、皆それぞれが自分の評判にも掛っている方々の意見を真剣に受けとめていかないといけません。

個人的な考え方ですが、チームとして正しい方向に向かっているなら、できるだけ役割を果たしている方の提案を受け入れようと考えています。

しっかりとした分担割の中で、一生懸命やっている方は特に尊重したいです。そのモチベーションを維持したいし、そのイニシアチブを褒めたいし、本当に感謝です。

成功するためにはチームワークが必要で、その環境づくりは最終責任者の役割です。成功するのはチームとして、失敗したならその時は最終責任者として私が前に立ってチームメンバーを守ります。

フリースピーチは、もし事務局の皆さんの協力と努力がなかったら、制度のアイデアを出した段階で終わってしまったか、または実施が上手くいかなかったことは間違いありません。

5 第一回市民フリースピーチ本番！

ついに本番来たる！

いよいよ第一回のフリースピーチの日がきました。２０１８（平成30）年の3月定例議会の6時半から開始でした。

私は5時半ごろに議長室に戻りました。どうなるか分かりませんでしたので、緊張していました。最初に気がついたのは、市長、副市長、市の部長たちが傍聴しにきていたことでした。

傍聴に来た方々の中に、他のまちの議員、マスコミ、政治学者の方々の姿もありました。ＮＨＫの取材も入り、東海三県、その後全国にニュースが放送されました。

実は議長になってから、いろいろなインタビューやセミナーで登壇する機会もあり、そのつどフリースピーチを宣伝してきました。

我が議会で継続できるかどうかは、良くて五分五分で定着すればいいし、外から興味を持たれて、評価されればされるほどすごくいい「外圧」になると思いました。しかし、今夜が上手くいかないなら、すべてゼロになる恐れがありました。

午後6時に、発言者と事務局との最後の打ち合わせがありました。私は皆さんに「がんばってください」と声をかけ事務局を出ました。

午後6時28分の時点で傍聴席は満席でした。そのため、市の部長の皆さんは一般の方々に席を譲って、会議室のモニターで見ていました。

途中で気付きましたが、市長だけが傍聴席に残って聴いていました。私は議長席に座り、発言者の皆さんは普段行政が座っている席に座り出番を待っていました。

冒頭で、最初に私から一言挨拶をしました（第一章の１（15頁）を参照）。

スピーチは多種多彩！

７人の男性の方々から発言していただきました。各テーマは事務局が次のようにまとめました。

（発言）「2025年問題への一手」 犬山市は、県内でも高齢者の割合が多く、今後も増加する。医療費、介護費の面から考えても、介護予防が必要である。そのためには、寝たきりにならず、日常生活を自ら行えるよう、体を鍛えることが必要だ。そのために、手軽に行える、ダンベル体操をお勧めしたい。

（発言）「犬山市名に関する全国発信サミットの開催の件」 犬山市に因んだPRで集客を考える。「犬山」姓の人を探す。また、「犬」ということから、全国の愛犬家がきたくなるようなイベント（ドッグレース等）を行う。そのためには、犬と同宿できるホテルや、ドッグホテル等の施設も必要。

（発言）「議会の改善内容について」 傍聴席背後にスピーカーを設置してほしい。議員と市民の懇談会3会場すべてに参加できるよう、日程の工夫をしてほしい。一般質問の制限時間（60分）を柔軟にしてはどうか。請願時、討論での発言の機会を与えてほしい。

（発言）「都市計画道路　蝉屋長塚線の早期実現」 高根洞工業団地隣に、新しい工業団地を造成し、蝉《せみ》屋長塚線をアクセス道路と位置付け、工場誘致を提案する。

（発言）「犬山城下町本町通りに点在する、昔懐かしい「つるべ井戸」を全国に発信して観光の 呼び水に！」　本町通りに残る「つるべ井戸」を復活させ、犬山から全国に発信、新たな観光客の名所の呼び水にしてはどうか。一か所は、実体験できるつるべ井戸が必要。二次的に、防災用途、体験学習に使用してはどうか。

（発言）「投票率ＵＰ期日前投票を考える」　今後も期日前投票が増加すると推測される。生涯学習センター、アピタ（ショッピングモール）、バロー（スーパーマーケット）など、他市を参考に、投票所の開設に努力し結果を出してほしい。

（発言）「富岡地区 産廃処理場の問題点について」　富岡地区の産廃処理場からの粉じん、騒音問題の提起。通常行われる協定が結ばれていないので、協定を結び、指導を行ってほしい。アスベスト等、健康被害も心配なので、対応をお願いしたい。

こうして、一番初めの市民発言者が登壇してから、その後、議員からのコメントは少なかったものの、発言者からは、良い意見をいただき、議員とも有意義なやりとりができたのです。市民発言の最後に、私は次のように挨拶しました。

「冒頭の挨拶で大変失礼なことをしました。市長が傍聴席にいると気付かなかった。

素晴らしいと思っております。実は奥の部屋のモニターで部長たちが見ています。

行政は行政、議会は議会だけれども、制度は市民のための新たな仕組みになればいいと思っております。これからよろしくお願いします。

発言者の皆さん、本当にお疲れ様でした。宿題をたくさんいただきました。いただいた課題を議員の間で、３月15日木曜日10時からの全員協議会で取り上げようと思っております。その会議はライブでも録画でも議会のＨＰでも公開しています。当日傍聴も可能です。では第一回フリースピーチ会議を終わります。お疲れ様でした」


傍聴席は満席でした。その一般傍聴者の皆さんも参加者だと思っております。これならば、自然と市民の関心アップにつながります。そう確信したのです。

※ 第1回市民フリースピーチの映像はこちらで見られます
https://www.youtube.com/watch?v=g6VuwoOnJD4
※ すべての市民フリースピーチの映像はこちらで見られます
犬山市hp＞議会＞議会中継＞youtubeその他会議中継

6 議会の反応と議員の顔色やいかに？

犬山市議会の大きな特徴の一つは、全員協議会の活用の仕方、特に定例会中の全員協議会にあります。定例会中の全員協議会は私の提案で設置されました。理由は、一般質問と本会議の議案質疑のやり取りを議員間で話す時間を設ける必要があると思ったからです。特に納得できない答弁等々について議会としてアクションを起こすべきかどうかを議論する場であると考えたのです。

全員協議会に傍聴者がやってきた

今回はフリースピーチの市民発言について定例会中のメニューに付け加えました。この段階でも上手くいかないと失敗に終わってしまいます。このような議論に議員の皆さんが慣れていないなら、さらなる抵抗もあると想定しました。

そこで会議の前に検討材料として、各テーマの行政担当に関係ある資料があれば提供を求めましたが、それよりも役に立ったのは、初めての全員協議会に結構な数の傍聴者がきてくれたことでした。

第一回としては、案外に良い議論があったと思いました。どう議論を活用して発言者や一般市民に伝えれば良いのか、議員20人の意見をまとめることはとても難しいので、臨機応変で考えていました。

雰囲気もわかるように、会議録から一番目の発言者「2025年問題への一手（ダンベル体操）」についての一部を掲載させていただきます。


議長（私）「次は⑤市民フリースピーチ制度についてです。……これは初めて（の試み）で、どこもやっていないことで、……とても有意義な時間だったと思います。今回の課題一つひとつを復習しながら、とりあえずフリートーキングで皆さんの意見を自然のなりゆきで、どういうふうにまとめていくかとか、初めてなので、柔軟性のあるやり方で進めたいと思います。

事務局のほうで各課題の概要をまとめて、そのあと当局にも少しヒアリングもしました。それで当局のほうが、この件について何かやっているかどうかの情報を収集しましたので、一つひとつ事務局から説明を1番からお願いします」

事務局課長「それでは順番にということでありますので、最初のIさんですが、当日の発言内容につきましては、高齢化社会に向けて医療費、介護費の抑制からも体を鍛えることが大事で、そのための提案としてダンベル体操をお勧めしたいというご提案だったかと思います。資料につきましては、……健康推進課から行っておりますす事業の一覧、その次がその事業を撮影した写真となっておりますので、……ご覧いただいて参考にしていただければと思います。以上です」

議長（私）「ありがとうございました。

まず、この（一番目の発言者）Iさんの提案について何かご意見があれば」

A議員「非常にいいご提案ですし、それほど多額の予算を必要とするものでもなさそうなので、まずは実験的にどこかの施設でやっていただければと思います」

B議員「私も非常にいい提案だなと思いまして、長者町会館で実はやっているものですから、私も1か月だけ体験入会ということで申し込みさせていただきましたので、何か議会のほうでも機会をつくっていただければ、彼なら出てきてくれるのではないかなと思いますが。家で1週間に2回と言われました。各自がやれるようにするにはどうやってやるのか、最初に体験……入会だけしようかと」

C議員「やることには賛成ですが、ダンベルというのは、やはり結構重さもあって、我々が子ども達にやらせるには、ペットボトルに水を入れたり、砂を入れたりして、ある程度の重いものよりも先にそういうもので、筋力を鍛えるということもしているので、初めてやる人にいきなりダンベルを持たせるよりは、そういった方法もあるよということだけ意見を述べさせていただきます」

議長（私）「他にありませんか。なし。私、個人として思ったのは、広い意味で見ると別にダンベルだけではなくて、やはり近いところで皆が、委員会でも話題になった「らくらく体操」とか、それができるようになればいいなと思います。

それと、今は人材バンクをつくっていますから。その人材バンクも今、人に声をかけているので、このようなトレーニングができる人にも声をかけて人材バンクに入れて、各地区にこういうことをやっているよという宣伝をして、自然のなりゆきに任せるというのも一つの手だと思いますが、それは私の個人的な意見です」

D議員　「今の議長のご発言を受けてというところもありますが、この発言者ご自身がやっていらっしゃることは、非常に尊い活動だと思いますし、もう現状、やっていらっしゃるわけで、非常に素晴らしいことだと思います。介護予防のための健康づくりという趣旨はもちろん大賛成です。

ただ、これをバックアップしていく動きとして、これだけが方法ではないというところは確かに、地域に根ざした体操だとか、そういったことは各施設でいろいろあるもんですから、それはそれで、これだけ取り上げるというのは、私はよろしくないというように思います」

議長（私）　「やはり広い意味で見ると、これは一つ、Iさんがやっているので、その人材バンクに彼とネットワークがあるかどうかわかりませんが、それをやりたい人と簡単にマッチングができるといいなと思っています。この件について他にありませんか。

これは別に意見をまとめて、「ああして、こうして」ということではないので、今の意見をリストアップして、当局に市民からこんな意見があって、議会からこんな意見が出たよと報告の形でとりあえずやりたいと思います。反応があれば、キャッチボールができる。そういうふうにこの件は続けていきたいと思います」

お気づきでしょうか。私の発言前にあった意見にみる後ろ向きな潰し方が、私は嫌いです。しかし、こういったことはよくある。毎回非常に怒りを感じます。

今回の場合はある市民の発言についての議論です。これを受け止め、これだけを推薦しているという意味ではありません。D議員の考え方で遠慮すれば、何についても議会から意見を出すことはできません。

平等の旗を振るふりをしながら、ただ抵抗したい。これは、なにもないようにしましょうという言い訳です。前向きな意見もありましたので、その一言で全部を壊すことは許せません。

議論を報告にまとめる

他の件についても、大体このように議論が続きました。ちょっと固い雰囲気でしたが、第一回議会の議論としては、良かったと思いました。上記のように議論を報告に

1	男性	2025年問題への一手
		（発言） 犬山市は、県内でも高齢者の割合が多く、今後も増加する。医療費、介護費の面から考えても、介護予防が必要である。そのためには、寝たきりにならず、日常生活を自ら行えるよう、体を鍛えることが必要だ。そのために、手軽に行える、ダンベル体操をお勧めしたい。
		（議員からの意見） 実験的にどこか施設で行っていただいてはどうか。ダンベルでなくペットボトルに水や砂を入れる方法もある。本人と運動系指導者を人材バンクに登録していただいてはどうか。地域に根差した体操などすでに各施設で行っており、取り上げなくてもよいという意見もある。
		（担当課と協議した結果） **現在、高齢者の体力の維持、向上や介護予防のため、体操教室、筋トレ教室などを実施しており、各地域でもボランティアなどによるサロン活動も展開しております。各地域におけるサロン活動については、地域包括支援センターも関わっていますので、今後のサロン活動の一つの運動メニューとしてダンベル体操についての情報提供をさせていただきたいと思います。また、ダンベル体操をさらに普及させ、市民の健康づくりを応援するため、市民講師や人材バンクに登録していただいたり、市民講師自らが企画する講座も開催できると考えますので、情報提供させていただきます。**

第１回　市民フリースピーチ制度
〈協議結果一覧の一部〉

まとめました。

先ほどは上手くいったとも言いましたが、実は次回の予定から報告の中身についてまで議員からは文句と抵抗がたっぷりでした。

※　これまでの市民スピーチ制度の議会からのフィードバック（文章）はここから見られます

犬山市hp＞議会＞その他の市議会情報＞市民フリースピーチ制度＞市民フリースピーチ制度フィードバック

https://www.city.inuyama.aichi.jp/shisei/gikai/1000536/1004631/1005129.html

コラム
3

議長の役割と討議促進のコツとは？

会期中の一般質問や上程議案についての議員間討議が、約10年前に提案・導入されました。議員間討議を活用するには、お互いを認め合う、お互いの質問を真剣に聞くことが必要です。もうひとつ言えば、行政に対してだけではなく、議員にも問題提起や提案をしているので、必要があれば議員同士でも問題を揉んで解決ができるという意識を持つことが必要です。

簡単に言えば、オープンマインドで議員同士がお互いの話と行政のスタンスをよく聴かないといけません。ほかの議員の意見を聴けば、解決の方向も見えてくる。家族の中でも問題があれば家族会議を行うのと議員間討議は同じで、「市民のための議員討議会」もできるはずです。何もしなかったらテーマは自ら出てこない。だからこそ、そこに議長の役割があるのです。

私は議長がリーダーシップをとって提案するのは当たり前のことだと思っています。定例会の進行をしながら、各議員の一般質問を聞いて、明らかに「それはそうだ、なるほどな」という発言があったらメモを取りました。続いて担当側の答弁があまりにも後ろ向きなら、その答弁についてもメモを取ります。

全員協議会の討議の時に、議員たちからテーマが出ないなら、メモを質問の課題にいたします。議員は喋るのが好きですので、ボールを投げると必ず返ってきます。

議案質疑の場合なら、委員長もできる手段だと思います。質疑を聞きながら、各議案に何人かが発言していることをメモします。質疑が多い議案について、討議の時に議員たちからテーマが出ないなら、同じようにそのメモを課題にするのです。

第4章

一進一退で根付かせる
——抵抗から定着まで

1 第一回が無事に終わったのに

現在、犬山市議会ではフリースピーチ制度がだいぶ定着し、議員も積極的に参加していています。今では他の自治体でも本会議等々でもフリースピーチについて言及していますます。しかしながら、そこにたどり着くまでの大変な道のりも紹介しないといけません。

第一回目のフリースピーチを実施する前に抵抗があった例については前に記しました。が、実施された後にも抵抗は続いていました。

第一回目が実施された後、とある噂を耳にしました。フリースピーチについての報告書をまとめた回答は、市長と調整したという内容でした。これは全然違います。議員のための検討材料としての行政の資料は頼みましたが、市長とは何も調整はしていませんでした。

これを聞いて正直に言えば腹が立ちました。

顔を合わせて言うことができない人が、噂をたてる。そういった議員は尊敬できません。噂だからこそ、どんな影響があるかはわからないので、全員協議会で扱いました。再度報告書の意味、つくり方などを説明し、出された意見が反映されていないなら、後日でもいいが、ぜひ教えていただきたいと言いました。

結局は何もなかったのです。噂も消えました。これからは前もって各担当に資料等々を頼まないことにしました。正直に言えば、これで楽になりました。

手帳を見ればわかるでしょう！

第二回の日時を決めようという時期になりました。

計画書に書いてあるように、開会から最初の日曜日にしようと思いました。２０１８年６月４日の月曜日に開会をする予定で、次回のフリースピーチの開催日を定例会開会後の最初の日曜日（６月10日）、午前10時からにしようと提案し、「何かそれについてご意見があれば」と投げかけました。

するとこんな声がでてくるのです（以下は議事録からの一部抜粋で、（　）中は私の対応や心の声です）。

A議員「わざわざ日曜日にやらなくて、開会日の午後になのか」（これは最初の計画の案の中で日曜日にやるということとし、週末の開催でも要望をいただきました。サラリーマンの方だと夜6時半にしても参加しにくいのです）

B議員「今回は、かなりお年を召された方の参加でしたが、現役世代とかそういう所の反応というのは、どういう感触ですか」（関係ないと思い）若い人やサラリーマンに、さらに周知していろいろな人が参加できるようにと回答しました）

C議員「例年のどこかの父親参観日とか、まだ次年度の予定が出てきていないが」（これに、いちいち全部考えてもきりがない。学校のスケジュールはわかりませんが、最初の計画通りでやりますと回答しました）

D議員「個人的に日程調整が必要、日曜日は予定を入れてしまっているので、この日でどうだというところは少しなかなか難しいかなと思います」（これは手帳を見ればわかると思います。もう少し前もっていろいろ考えればよかったのですが、こ

の日がだめなら今日決めて、広報（宣伝）の締め切りに間に合うようにしたいと回答しました）

E議員　「私一人、自分たちの本議会を日曜日に最初にやりたかったというのがあって、フリースピーチとは全く別物ですけれども」（関係ないと思い）気持ちはわかるが、全然違うものだと思います。この計画をつくった時によく市民から「夜に議会をやって」と、週末にみんなが参加できるようなものをという意見がありますが。正直に言えば、最初から本会議を夜にやるほうがずっと難しいと思います）

E議員　「私も日曜開催の議会を毎議会というふうには自分の中でも考えていませんが、やはり一回目をやるとなったらセキュリティの問題もあるし、今回の夕方開催もうちの議会事務局が残業という言い方なのかわかりませんが、みんな残ってやってくれていますし、また日曜日となるともっと開催が大変かなと思うので、私はもう一回開会日の夜でもいいのではないかなというふうには、個人的には思っていますす」（二回返事する必要はないと思って、一部無視しました。夜にやるより、日曜日のほうが楽だと思っております）

議事課長　「第2、第4の午前が日曜窓口がありますので、セキュリティとか空調関係については、土日、祝日のところではいいのかなと思います」

F議員「議長の思いはよくわかるんですけれども、多分僕も6月はもう予定が組み込まれている、まだ確認してないです。9月が同じように3日開会で、第2日曜が9月9日ですので、日曜開催をいきなりという思いがありますので、9月の日曜開催ということでしたら、皆さんも準備ができるのではないかと思いますが、それぐらいの弾力性を持った検討をお願いできないかと思います」

議長（私）「それでは、今具体的な提案があったので、9月は日曜日にして、今回はまた夜にやるということでいかがでしょうか。開会日の夜、この前と同じ」

G議員「一任でお願いしたいと思います。基本的に僕は公務最優先という認識でいるものですから、予定というのが正直よくわからないので、日程に関しては、僕は完全に議長にお任せしたいという思いです」

議長（私）「ありがとうございます。私も公務については全く同感です。なかなか他の提案がない限りやりにくいです。もう少し、正直に言えば皆さんに柔軟に考えていただければありがたいと思います。行き当たりばったりやっていますが、新しいことで、市民にものすごく反応があったので、それも受け止めていただければありがたいと思います。どうですか。時間があればいつまでも皆さんとの調整ができますが。先ほどお話のあった９月に、日曜日にするということでも構いません。それなら今回は、この前と同じような感じでやりたいと思いますが、それでいいですか」

〔「はい。」の声が起こる〕

議長（私）「さよう決しました。ありがとうございました」

どうにかこうにか決まる

とにかく、決まりました。傍聴した市民から「お疲れ」と言われました。これでとても励まされました。私は相手に言われたことにできるだけ真面目に回答したつもりです。しかし関係のない、根性、抵抗のための抵抗だと思っても、そうならば、負けません。たとえ一人になっても、自分を信じることを諦めず、がんばって抵抗に屈しないことしかありません。

2 一歩前進、二歩後退

私の代わりに副議長が市民へ挨拶した時、フリースピーチを宣伝してくれていましたと市長から聞きました。フリースピーチについて、波に乗っているなあと感じました。

しかし、実際はフリースピーチが消えてほしいと思っていた議員は少ないわけではない気がしました。今、我慢しておけば、私が議長じゃなくなるとフリースピーチは自然と消えてしまうと期待しているような気がしたのです。

特に２０１８年9月フリースピーチは３回目と同時に私の議長としての任期の最後となります（市長選のため、12月定例会が10月26日に開会するので、宣伝や準備は無理でした。任期の最後の定例会で開始すれば、課題を扱う時間がないからです）。

マスコミ、他の自治体議員が強い味方に

前に記した日曜日開始についての議論は役に立ちました。9月フリースピーチは日曜日となったからこそ、山梨学院大学の江藤俊昭先生、自治体職員や議員の専門誌で有名な月刊『ガバナンス』編集長の千葉茂明さんが傍聴しにきてくれました。その日が終わってから、江藤先生が有志の議員たちに感想を述べてくださいました。

私の記憶によるとおよそ半分ぐらいの議員が残って参加しました。しかし、その中で3分の1ぐらいの議員からは、めちゃめちゃ冷たい風を感じました。有識者、NHK、新聞、ちなみに他のまちの議員も傍聴しにきました。これら外からの注目は強い味方になりました。

マニフェスト大賞の受賞が決まる！

さらに次の定例会までに、幸先のよいニュースが入りました。

2018年10月26日の開会日の議長挨拶で、このことを述べることにしました。

「皆さん、おはようございます。……犬山市議会はマニフェスト大賞の優秀賞が決まりました。市民参加対策として認められている。議員の皆さん、そして、議会事務局の皆さん、本当におめでとうございます。お疲れさまでした。賞をもらうのはいいんですが、それより我々の市民参加対策が正しい方向に進んでいると有識者に認められているのは心強いです。これから、より市民参加と開かれた議会になるよう、お互いにがんばりましょう。

市長と行政の皆様も本当にありがとうございます。言うまでもなく協力がなかったら、親子議場見学会、女性議会や市民フリースピーチなどの実施はできなかった。感謝しております。

最後に、……今月5日に行った決算予算全員協議会（コラム4（143頁）参照）と言ってもいいか、とにかく決算の審議の上、来年の予算に対して議会として申し入れしたのは、議会機能向上として大きな一歩だと思っております。これから市民の生活向上に絶対につながると信じています。これからも、より機能した議会になるよう、力を合わせてがんばりましょう」

今定例会中でマニフェスト大賞グランプリが決められます。ここまできたことはすごく嬉しかったです。もちろん、人間として勝ちたかったが、もう一つは、日本最大の政策コンテストで認められたことで、少なくとも公で反対できなくなる理由になるだろうとは計算していました。

授賞式のために、私が東京まで行くことを全員協議会ではかりました。副議長が私の代わりに会期中の全員協議会の進行をしていただくことをお願いし、２日間、東京へ行けるようになりました。

事務局から「犬山市議会の議会改革の取り組みがマニュフェスト大賞の優秀成果賞を受賞いたしました。11月９日に東京で授賞式があり参加希望をされる方がおみえでしたら本日中に議会事務局までご報告ください」と、案内がありましたが、なんと事務局への参加希望報告は０でした。

当日の授賞式には自分の会派から２人と妻のけいちゃんが参加してくれました。

3 マニフェスト大賞グランプリ受賞

マニフェスト大賞の授賞式の日はあまりに早く終わったと感じました。緊張していたからかもしれませんが、細かい記憶があまりないのです。最優秀賞は江藤俊昭先生（山梨学院大学）から発表がありました。「犬山」と聞いた時、とても嬉しかったです。

フリースピーチの三つの意義

彼は次のように犬山フリースピーチについて述べてくれました。

「犬山市議会の市民フリースピーチ、本当にステキなものです。議場で市民が議論して、そして市民だけでなく市民と議員が一緒になって議論する。そういった空間をつくったということです。少なくとも三つくらいの意義があるかなあと感じています。

一つ目は議場の意味を変えたんですね。議場はどうしても議員だけのもの、あるいは議員の執行機関だったのが、ちゃんと市民がかかわって、討議できる空間にしていったことです。

それからもう一つは、市民の提言を聞きながら議会力につなげていった。その質問を活用して、質問したり、所管の事務調査に活かしたりということですね。

そして三つ目は主権者教育にとっても意義がある。そこで提言する方は、かなり勉強してみえます。その意味で議会の在り方を大きく変えた。ただ、今後の課題もいくつかあるかと思っています。ぜひその課題を追求しながら広げていただきたい」

次は各分野の最優秀賞に選ばれたグループが、３分でプレゼンをしました。他のグループのプレゼンを見ながら、一つひとつが素晴らしいと感じ、少なくてもここまでこれて、よかったと思いました。

プレゼンは無事に終わりました。後は審査委員の協議の結果を待つだけでした。

早稲田大学マニフェスト研究所顧問の北川正恭先生から「グランプリを発表いたします。マニフェスト大賞グランプリ、愛知県犬山市議会」と発表がありました。

ほっとしたし、同時に自分が正しいと思っていたことが証明されたような気がしました。ここで認められたことで、フリースピーチの導入は正しかったのです。

発表に続いて、北川先生が次のように話してくれました。

「今回犬山市の市議会に決定しました。おわかりの通りビアンキはニューヨーカーでございまして、ニューヨーク出身の方が市議会議長になられたということです。そして、リーダーシップを発揮されて、フリースピーチまでもっていって、新しい文化をつくられた。全国各地の議会でも、あるいは市の執行部、あるいはＮＰＯの市民団体の方などでも、そういうことが具体的に起こっていることを……体で感じるといいますか、変化を体感しているところでございます」

当事者として

司会の方から犬山市議会の皆さん、一言お願いしますと言われました。

「選挙の演説より今、ちょっと緊張しています。……この場が一番大事なところはお互いに学び合うところです。それができれば皆さんの議会などのレベルアップがで

グランプリ受賞時のあいさつをする筆者
（左は粥川課長補佐。右から江藤先生、北川先生）

きると思います。今回犬山を認めていただいて、さらに犬山市議会がレベルアップするようにこれを活用していきたいと思っております。

最後になりますが、……この時代になって、もちろん一人の議員の活動は大事で、皆さん一生懸命やっていると思いますが、会派も大事です。各会派で一生懸命やっていると思いますが、これから議会として力を出さないといけません。

それを実現するには議員間討議の促進が必要です。議員間討議が提案につながるようにする。そして市民参加です。市民が参加すれば提案ができるような議会になれば、その提案が市民の希望に近づいてくると思います。この三点ができれば、本当に機能した議会になると思います。それで本当に地方から国を変えることができる。皆さん一緒にがんばりましょう。今日、本当にありがとうございました」

犬山市議会では、こんなフリースピーチが市民に議場を本当に近づけている。それなら、うちでもやってみよう——こう言われる日がくるかもしれません。

マニフェスト大賞やＬＭ（ローカルマニフェスト推進地方職員連盟）のような活動と団体がとても大事です。前向きな人が集まるところ、意見交換等々ができる場、力をいただける場所が不可欠なのです。

※　授賞式の時の映像（ManiTaiMatome）　https://vimeo.com/352404571

４ 続くか続かないか

マニフェスト大賞の授賞式は、定例会中の金曜日でした。週が明けて、次の月曜日、議員皆に会ったが、グランプリ授賞について何か言ってくれた方は片手で数えるくらいでした。

これだけ？　議会報での扱い

次の議会報（市広報と一緒に全市民に配布されるもの）の表紙カバーは、犬山モンキーパークをバックに映る美しいサンセットの写真でした。最後の２ページにマニフェスト賞について記事がありました。議長室でくつろいでいる広報委員会の皆のショットがありました。記事の中身ですが、フリースピーチに抵抗したメンバー含めて、犬山市議会の市民参加の取組みを語っている発言でした。

授賞式の写真もあったが、よく見ないと誰がいるのか？　という写真でした。

ちなみに言えば、一言お願いしますという私への依頼はされませんでした。フリースピーチという言葉が出てきたのは、ほんの1、2行の中に単語として、「市民フリースピーチは革新的だと評価されました。親子議場見学会や市民との意見交換会も、回を重ねることで、犬山市議会独自のかたちをつくってきました」とのみ。同じように関係ないものとして、議会だよりのリニューアルについてが2ページの3分の1を占め、フリースピーチの記事より場所をとっていました。

そして「真に開かれた議会の実現のために、広報委員会の役割はさらに重要になりますね」という締めで終わりました。お見事です！

制度を定着させるために今は我慢の日々

議員からは、これぐらいしか期待が持てないとよくわかりました。もちろん怒りがなかったわけではありませんが、ゴールを大事にすれば、今は我慢が必要です。

一番感じたのは、このような方達で大丈夫かな、フリースピーチが継続できるのかなあ、という心配でした。今の段階で怒りの色を示せば、今までの努力が台無しになってしまう。

この状況の中でも何とか、実施していきました。継続していく中で、議会の対応が次第に良くなっていったことは事実です。希望も湧いてきました。

今後の運命を全員協議会に託す

私の議長としての任期も終わりを迎えようとしていました。

フリースピーチを経験したメンバーがいる間に、選挙を経てもフリースピーチを続けていくかどうかを決めないといけないと、しっかりわかりました。そうしないと、次回選挙後は私が仮に生き残っていても、グランプリ受賞の勢いもない中では、また提案の段階からのスタートになってしまいます。

そこで、全員協議会ではかろうとしました。

実際、どうなるかわからなかったので、全員協議会において課題にするにあたり準備をしました。まず毎日新聞の記事に出た全議員の写真、それと12月の月刊『ガバナンス』に出た犬山市議会がマニフェスト大賞グランプリを獲ったという記事のコピーを全議員に渡しました。それらが役に立つなら、という思いでした。

「市民参加・フリースピーチ制度等の今後について。グランプリを獲った上で、市民参加で認められましたが、その中でもフリースピーチは大きな一つ。

これから広い意味で市民参加の課題にしたいと思います。とりあえずフリースピーチ制度をどうするか、何らかの形が続くかどうかを決めないといけないと思います。

提案者としても課題がいろいろあると自分でも理解していますが、今の段階で選択が二つあると思います。完全にやめるか、課題を協議しながら何らかの形で続けるか。それで皆さんのご意見を聞きたいと思っております」

先輩議員の予期せぬ発言

数秒だけだったかもしれませんが、その静けさを無性に感じました。そんな中、案外なところから最初の発言がありました。

数回の議長経験者の先輩が、私の目前で手を挙げて次のように述べてくれました。

「今日、毎日新聞、僕は気が付きませんでしたが、読ませていただきました。本当に皆の笑顔も素晴らしいなと、まずそう思いました。そんな中でちょうど3回程フリースピーチ（が実施された）。私自身、1回目の時は非常に抵抗感を持ちながらやってきたと思っておりますが、そういう中で2回目、3回目と重ねることによって、自分の中でもずるっと気持ちが変わってきました。変わったというのは、やはりスピーチされる方が非常に勉強もされてというか、それを直接肌で感じましたから、これは犬山市議会としても一定の評価はしていかなければいけない。ということになると、次のことを、どれだけやるかということはまた次にお決めになればいいと思うんですが、やはり引き続き、少しでもこんな形として続けていっていただければ、市議会としての部分というのは大きな力になってくると、このように思います」

「ありがとうございます。すごくうれしい発言です」と返事しました。

この時は本当に感謝をしました。二人の間ではいろいろなことがあったが、それを超える発言をしていただきました。そのことは忘れられないです。

その先輩議員だったからこそ、ほっとしたのです。他の議員は彼に対して反対の意見は言わないと思いました。

次に、「うちの会派はこれについては何もまだ話し合ったことはないので、今日は回答する材料はありません。ただやめられるのという、そういう一面もなきにしもあらずで、今後の宿題としていただければ、我々も真剣に今後のことを考えていきたいと思うので、きょうは持ち帰りにしていただけるといいなと思います」という発言がありました。賛成したくない人は、公には反対できませんでした。

続いて次のような発言がありました。

「私もこの3回を通じて、1回1回ごとに市民の方々もすごくたくさん勉強されているなということと、特に環境問題については、私たちがなかなか気づけない部分があったりとか、いろいろな知恵が市民の方たちの中にあるんだなということを感じていますので、これはぜひ続けていくべきだというふうに思います」

「A議員もおっしゃられたように、我々も会派の中でこれについては検討していないので、あくまでも私個人の考えなんですが、やはりB議員がおっしゃられたように、今まで3回、本当に皆さん勉強されていらしゃって、すごく皆さん、我々も勉強になりました。これから継続していく上でどんな考えの方が、いろいろな考えの方がいらっしゃるので、否定はできないけれども、やはりある程度判断しなければいけない場合もあるかな、というところをどうするかということと、それからいただいた意見を我々がなお一層どうやって研究していくかという、そういう制度、聞いた後にどうするかというのは、これからまたいろいろ勉強していかなければいけないなというところで、基本的にはこの流れを止めるものではない。もっともっと進化していくべきだなと私は考えます」

私から最後に次のように言って、継続審議にしました。

「いきなりこれを投げたのは、もちろんこれから持って帰って、会派の中でこれからいろいろどうするかを考えたいと思います。冒頭に言わなかったことですが、すごく視察の依頼がありましたので、それを受ける上で、もうやめるということになれば、すごく大変なことになります。それで今の雰囲気で、何らかの形で協議した上で続くようになると思いますので、自信をもって視察を、もちろん評価されたから、グランプリを獲ったから続けるだけではなく、やはり市民に価値があるかどうかは一番だけれども、評価された上で、視察を受けて、どこかに発言をしに行くのなら、やめたと後で言うのは大変なことになりますので、少し安心しました」

こうして続くことになりました。選挙を経て、顔ぶれもかなり変わったにも関わらず、続くことになったのです。

とりあえずセーフです。マニフェスト大賞は大きな後押しになりました。

5 市民参加ワーキングチームの結成

選挙後、私の５期目が始まりました。

新議長のもと「前期から引き続きいた9月と12月のフリースピーチは現状のままでやります」と発言があり、どういうつもりでの発言かはわかりませんでしたので、その後はどうなるのだろうか、これはネックになるかもしれないという疑念を抱きました。

漠然とした不安

新議長のもとで三つのワーキングチームが設置されました。①議会改革ワーキングチーム、中身は名前の通りです。②ＩＣＴワーキングチーム、主にペーパーレス化を担当します。そして、議長から私に③フリースピーチワーキングチームの座長になってくれないかという依頼がありました。

そこで私が受けたチーム名は「市民参加ワーキングチーム」としたいとお願いしました。なぜなら、フリースピーチがメインになると思ったが、他の市民参加対策も検討し、提案もしていこうと考えたからです。

どのワーキングチームに入るかは各議員の自由でした。私のほうに来る人は少ないと想定していたので、まずは会派のメンバーに参加をお願いしました。事務局の担当に、私は議会改革チームにも入りたいと話したが、パソコンのスクリーンを見ると、私と会派のメンバーでまだ登録されていない2人の名前がありました。担当といろいろ話しましたが、なぜか私の名前は議会改革チームに入らなかったのです。

理由はわからない。説明もなかったが、なぜなのかと聞くことはやめました。

結局、市民参加に集中しようと思いました。複数に入ることができるワーキングチームですが、最終的に議会改革は14人、ＩＣＴは８人、市民参加は３人、当初パソコンを見た時からは市民参加チームからは一人消え４人から３人になっていました。理由はわかりません。

初めてチーム３人が集まった時です。メンバーが少ないなら、市民参加ワーキングチームなのだから、市民も募集しましょうと決めました。とりあえず、フリースピーチの発言者関係に声をかけました。結構反応が良く、時間の都合によって集まる会議の人数が違ったが、平均で市民10人くらいが参加してくれました。

最初に取り上げたのは、前期の議員からの意見と、その次に予定している９月と12月開催のこと。そのあとはどうなっていくのか……。

議題を整理して道筋をつける

市民から数点面白い意見をいただきました。その一つは学生、女性フリースピーチの実施についてでした。一般市民参加による市民参加ワーキングチームの報告や提案を図ること等々は全員協議会で発表しました。

最初の発表は次のようなものでした。

「ワーキングチームの中で、議員は、私とＡ議員、Ｂ議員と市民が入っています（市民に反対するのは難しいと期待していた）。12月以降のフリースピーチはまだ決まっていない。ワーキングチームの意見をまとめて、提案いたします。実施回数は現状のままで続く。市民の意見を言う場を減らすなら、明確な理由を示さなければならないという意見がありました。参加者を増やしたほうがいいという人もいたんですけれども、やっぱりそれは物理的に難しい。

二つ目は以前議会からも提案があった子どもと女性のフリースピーチですが、今回女性と子どもの特定日をつくるよりも、宣伝の中でもう少し呼ぶようにしましょう。広報の募集の時に上手に使えばいい。

そして三つ目、メンバーの中で、発言時間は5分から7分にすべきと言う意見があったけれど、多数派に7分にすると、また話す可能性があるから、我々議員は5分でいいと決めました。しかし、発言をまとめるのは難しいので、市民発言者に議員がサポートすべき。有志でもいいが、今の我々の中で、相談があれば一緒になって、トークをまとめる措置をつくることを提案しましょう。

他もあったけれど、これから先どうやっていくか決めないと、ほかのテーマを検討する余裕がなかなかないので、四つ目は年間計画をつくることを提案します。

以上四点について、ワーキングチームの意見で提案いたします」

６　市民参加を進めるには市民の声が力になる！

四点の提案について、議員の皆さんの賛同を得ました。

続いて次のワーキングチームの中で決まったこと、また提案も上がってきました。

一つは、試しに次回のワーキングチーム会議は報告会の形でやること。いつものメンバー中心にするが、市民にもオープンにしようと思いました（実は２０２０年３月議会の閉会日の夜に行う予定でしたが、新型コロナウイルスのため残念なことに実現できなかったのですが）。

なぜこれをやるのか。ワーキングチームの会議において、参加者は皆、発言者なのに、議会のフォローがわかりづらいと言われました。一人は報告書を郵便で受け取った後に何も行っていないと思われていました。各市議会の会議はＨＰですべてオープンにしているにも関わらずです。さらに制度を知らない市民が多いとか、実施する日が近づくまでなかなかわからない、という意見がありました。

どうしたら市民にもっと伝わるのか

これらの意見にはちょっとびっくりしました。マニフェスト大賞をとったこと、そのお陰で、テレビ、新聞や雑誌などマスコミで取り上げられ、広報でも宣伝しているのに、何で多くの市民が知らないのか。どうしたらいいのかわかりませんでした。その対応の一つとして、報告会を兼ねて、制度の説明会を開くことにしました。市民の意見を取り入れながら、改善を図るようにしました。

例えば、発言についての報告、制度の趣旨説明・発言の種類による扱い方とか、今までの中の実例とか、年間計画を立てていつやるかをわかりやすくとか、意見交換もする必要があります。

実例を挙げます。フリースピーチに参加した方であり、そしてワーキングチームのメンバーで、小学生の娘さんとそのお母さんが中学校の制服について発言してくれました。

彼女とFacebookでいろんなやりとりをしました。彼女も、発言後のフォローがどうなってるかわからなかったようで、がっかりしていたようでした。

なんでだろう？　我々がどれぐらいのフォローをしているのかが、これほどまでに理解されていなかったことに私は、びっくりしました。

ＨＰで全部が探せるからです。しかし、それらの情報を自分でも探してみると、なかなか探しにくいことがわかりました。この課題も扱わなければならないので、そのためには、報告会を開きたいと考えたのです。

そこで、本人に全員協議会、本会議と委員会のビデオリンクとタイムコードを送りました。すると、「なんと！　制服の存廃も含めて多角的に考えていくとのこと‼スピーチした甲斐があったと思えるような回答です。実際にどういうアクションにつながるか、まだまだこれからだと思いますが、今後にもかなり期待したいと思います。フリースピーチ、本当に素晴らしい制度だと思います」と返事がありました。

本人がすごく喜んでくれたのです。

7 フリースピーチ効果は絶大！

今まで行った6回（令和2年2月27日時点）のフリースピーチ制度で、計34人の方が発言されました。しかも、毎回傍聴席は満席でありますが（一回はコロナのため傍聴なしで行いました）。傍聴している方々も参加者と思っています。そう思うと、250人以上が議場に入って参加してくれました。多くの人にとって議場や議会が身近になったことと思います。発言者はもちろん、議場へ傍聴にみえた皆さんも興味のある課題を聞きにきました。より民主主義のプロセスが身近なものになったことでしょう。

成果は計り知れない

発言の中で実際に改善につながった件が何件もあります（左頁参照）。それは、も

フリースピーチ成果実例と市民による発言・意見の例

【提案例】

○**議会の改善内容について・発言**：　議員と当局の発言が聞き取りにくいので、傍聴席背後にスピーカーを設置してほしい。

全員協議会で協議した意見：傍聴席のスピーカー設置は、事務局で可能か調べてから協議。

結果：傍聴席入口（議場側）の左上と傍聴席奥（議場と傍聴席の境目あたり）にラインスピーカーを設置して、斜めから音を流す方法を実施。

○**犬山市の環境基本計画について・発言**：　犬山市の環境基本計画は、策定後16年間も大きな見直しがされていない。市民の意見を十分とり入れ、早急に計画を見直し、ホームページでの公開を要望する。

全員協議会で協議した意見：議会も行政も新計画策定は遅れているという認識が低かったと気がつきました。本会議において、一般質問。副市長は、「私も知らなかったということで議員からその件について私に質問があったときは、穴があったら入りたい気持ちです」と回答。

結果：新環境基本計画は今年（令和２年）策定予定です。

○**マイナンバーカードの申請について・発言**：介護保険施設に入所している母親のマイナンバーカードの申請に関わり、市役所や施設に４回足を運ぶことになった。自分と同じケースの方がスムーズに手続きできるよう、面談が必要である等窓口などで告知していただきたい。

全員協議会で協議した意見：副議長より当局へ申し入れをした。(対応先協議結果）担当課より、封筒にハガキと案内チラシを入れて発送するよう現在準備しているとの回答を得た。

結果：市民への説明の仕方と手続き改善を行いました。

【発言・意見の例】

○元市長から議会改革について哲学的な発言
○小学生によるSDGsから考える小学校の未来の発言
○市の大きな事業（今計画している道の駅）についての意見

ちろん発言された本人たちによる効果であります。

議員のレベルアップ、議会の機能向上と独立性にもつながります。我々議員にとっても、発言は参考になるし、議員の意識を高めるものもありました。本会議または常任委員会で、50回を超えるフリースピーチの中身が言及されました。議員同士の議論が深くなるし、対応も早くなります。議員にも行政にも良い「圧力」になります。議員は市民の前で緊張感を持ちます。行政は案外と発言が気になるようです。市民と議会が声を合わせたら、行政はその声に耳を傾けなければいけません。場合によっては議会から言われる前に、行政側が動こうとしていました。それも市民に役に立つ緊張感であります。何よりも市民の生活向上につながることが直接的な目的ではあるが、目に見えるものと目に見えない間接的な効果もあるのです。

最後にある参加者の方から、次のようなことを言っていただきました。

「市に2年間訴えきたことをはね返され、フリースピーチのおかげで救われた」

実はこの方の件については一歩進みましたが、まだまだ改善が必要で、私は彼の発言を受けてから議長の時も、今、一議員としても引き続き改善を図ろうとしています。

コラム
4

議長としての新政策提言方法：「決算予算全員協議会」

私の議長としての３つ目のゴールは、議会や委員会の質疑等における次年度の行政事業や当初予算につながる政策提言の実現でした。このプロセスを紹介させていただきます。

議会の中にすでに存在している組織である常任委員会等といえば、議会としてもっとも強化をするところですが、私は特に決算予算の審議に対してそう思えてなりません。

議長提案で「決算予算全員協議会」を設置しました。各常任委員会の専門分野の質疑、委員間討議や議論を活かせば、全議員の賛同の上、議会から行政へ当初予算に対して強く要望または対策提言ができます。

実は議員になってから、議会の政策立案及び政策提言力向上が必要だと思いました。議長になった時（2017年５月）のゴールのひとつは、当初予算に対して提案ができるような仕組みをつくることでした。そのためには議会または委員会の質問、質疑、討議と市民からいただいた意見を活かさないといけません。

常任委員会の一年の審議と委員間討議を議会として活かし、当初予算に対して提案できるような仕組みを議会事務局と相談し、つくりました。

私のアイデアは、当初予算の審議に本格的に入る前を一年のサイクルと考えます。一年の最後にあたる決算の審議で、各常任委員会が着目した分野の審議を活かし、各常任委員会の当初予算に対して集約した意見を全議員に報告をして、それから全議員の議論の上、提案をまとめて新年度予算に対する要望、申入れとして議会から当局に提言を行うというものです。

（次頁へ）

当市議会は2017年７月に、第２回の議会改革委員会を設置しました。その中で、決算予算委員会等の設置を議論しました。上記の計画を出すには改革委員会の結論を待ちました。

結局、新しい組織をつくらず、常任委員会の審議強化をするという結論が出ました。ここに大事なポイントが２点あります。

まずは、今まで、各委員会から当初予算に対し要望等ができなかったので、常任委員会は十分機能していないと考えられます。その経緯で、決算予算委員会等が設置されても、提案につながるのかと疑問に思いました。そこで、次のステップを取る前に、常任委員会の審議強化を目指すのが正しいと思ったのです。

しかし、今まで通りで置いておくと、何も変わらないに決まっています。２つ目のポイントは、審議を強化するには計画が必要です。その段階で、議長として上記の計画を全員協議会で提案し、導入させました。

さらに示した計画にしたがって、各委員会は審議の結果を全議員の前で提出しないといけないので、普段よりも意見の集約、提案提出するようにがんばってくれることでしょう。

その結果として、犬山市議会から、初めて「新年度予算編成に併せた申入書」を出すことになりました。その後、議会としてこのプロセスを続けると決めました。

これらを実施しながら、この仕組みが器として足りないと判断したなら、やり方や組織づくりを考えてもいいと思います。この順番で、この経験を踏まえて次のステップを取るなら、機能した計画につながる可能性が高いです。仮に、存続している組織を最大限機能させずに新計画を進めると、単にもうひとつの機能していない形だけの組織をつくってしまうことになるのです。

終章

議会の機能はこうすれば向上する

1 議会機能の目的とそれを邪魔するものとは何か？

灯台下暗しの議会風景

ある新人議員の話です。

「ボランティアをする若者の活動支援をすることはどうですか？」と、一般質問しました。行政側の答弁は、後ろ向きなのがはっきりしていました。そこで、議員間討議において、他の違う議員が「そのテーマについて議会が条例を設置しましょう」と提案したり、質問者の意見を求めたりしました。

その時です。一般質問で質問した当の議員がびっくりしてこういうようなことを言ったのです。

「え？　我々にそれができるのか？」

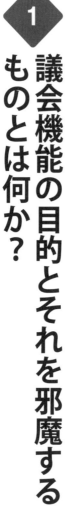

もちろん新人ですから……、と言いたいところですが、実は新人だけではなく、多くの議員が議員の権限や議会の手続きなど知らないだけではなく、勉強していないことがあからさまになったのです。

条例づくりを提案した議員は、さらに条例のややしっかりした概要までも出しました。ただし、どうしてかサッパリわかりませんが、その話が消えてしまいました。これは、議員同士が会派の枠を超えて協力していないことを明確に表しています。

議会の権限、手続きなどを知らない。お互いに協力しない。結局日本の議会の問題は、日本の地方議員に行き着きます。議会の一人の構成員としての意識が低い、議会の集約した意見の価値を充分重んじていない議員が多すぎ、肝心の協力ができない。これでは、議会本来の力を発揮できません。

「議員活動」から「議会活動」へ

現代の議会改革は、北海道の栗山町で初めて議会基本条例が施行されたことに始まったと思われます。今は議会改革の次のステージに入っていると言われています。

要するに今までの議会基本条例などの設置といった改革を経て、議会として成果を出す段階だと認識しております。

これは一番大きなポイントだと思います。

間違えないでほしいのは、バラバラの何十人の議員ではなくて、議会という独立機関として、成果を出すことが議会改革の次に一番大事な目的であります。今では「議員活動」がだんだんと活発になりましたが、「議会活動」はまだまだ不十分です。だからこそ、二元代表制度において、議会機能を向上させて、議会が与えられた権限を最大限に行使することを重視しなければいけません。

これはまだまだ十分行われているとは言えないし、実際に必要性を認識している議員が少な過ぎます。

行政の提出案件との数を比べれば一目瞭然です。日本の地方議会は受け身過ぎで与えられた権限を行使していないので十分機能していないと思わざるを得ない。戦後の地方議会の歴史を顧みると、いろいろな理由が見つかるかもしれませんが、現実的に考えれば、その理由は先に見たように、主に議員の意識と知識のなさにあるのです。

2 パフォーマンスとスタンドプレーが議会の効果を激減させる

機能した議会は議員間討議で始まります。

実は議員になった18年前のことですが、議員対行政のやり取り、一般質問や議案質義があっても、そのやり取りの結果について、議員の間で話す場は公でも非公式でもなかったのです。

とてもおかしいと思っていました。もしその場があったなら、議員の一般質問や議案質疑等の趣旨を活かして検討材料として取り上げれば、政策立案と議会機能向上につながることは間違いないと思いました。

私の初議会の時の経験です。閉会日の議案についての採決が始まった時、ちょっぴり不安になりました。この採決で他の議員が、何を考えているのかは明確にわからないし、自分の会派のメンバーも客観的にしかわかりませんでした。表決をしながら、今度はびっくりするほど不安を感じました。正直に言えば迷いました。

それからしばらくして、新庁舎の建設移転に関する事項が当初予算に盛り込まれました。私は議員になる前から、新庁舎を建設するよりもその候補地が問題だと考えていました。なぜならコンサルト料等々に財源を使ったにもかかわらず、計画は二転三転して、候補地の変更等々があるたびにお金がかかるからです。私はそこに無駄使いがあったと感じました。新しい候補地から現在の場所に建て替えの計画に戻り、一番無難で効率的なこの案で、もうやっていこうと個人的には思いました。

新しい候補地として上がっていたエリアの議員は嬉しくなかったのです。移転よりも現在の場所にするために関係ある一部経費に何か原因があると聞きました。

当然、移転賛成議員の中から質疑等がありました。最終的に当初予算の採決はギリギリで可決されました。

このストーリーのポイントは、移転先候補地域の議員が裏で予算案を否決しようと決めていたことでした。なぜこれが通ると思ってスタンドプレーをしたのか、すねてしまったのか、今でもわかりません。新庁舎建設はとても大きな課題ですが、だからといって当初予算すべてを否決するのは正しくないと思いました。議員は協力と効果よりもパフォマンスとスタンドプレーを大事にしていることに、私は非常に寂しさを感じたのです。

なぜ議員の間で候補地について議論を起こさなかったのか今でも疑問です。その議論のためには、もう少し時間を割いてもいいと考えたと思います。

同じように思った議員がいたら、当初予算に修正をかけることができます。議論をする余裕をつくれたし、必要な当初予算に盛り込んだ事業と市民サービスが実施できました。そうならなかったのは、議員同士が話し合う習慣、場所や時間がないからだと強く感じました。

そこで自ら議論を起こそうとしましたが、あまり上手くいきませんでした。

先輩からのありがたくないアドバイス

当時、ゴミ袋有料化が課題になっていました。議員控え室で先輩議員にどう思うかと聞いた時に、相手がすごくびびって返事をしませんでした。その後もう一人の先輩議員からは、そういうことを聞いたらダメというアドバイスをいただきました。

アドバイスしてくれたのは嬉しかったが、「ハ？」と思いました。「他の議員は何を考えているのかは、どうやってわかるのか？　議会として、何らかのアクションが必要かどうかをどうやって決めるのか？」と聞きました。先輩からは何も補足はなかったのです。ただその後、「ビアンキは生意気だ」と言いまくってくれました。

議会人かバッジがある職員か

初めて議員になった時にも、びっくりしたことがありました。国と地方の制度は違うのに、議員は自分のことを「野党」とか「与党」とかと呼ぶのです。「与党」と思った人の中には市長側、行政側の立場で「行政の提出議案を可決させて市民に説明することが仕事なのだ」と平気な顔で言い放つ人もいます。「それでは我々は行政の代弁者になる。そうではなく、我々は市民の代弁者ではないか」と指摘したら、ただ生意気と言われました。

与党と言わなくても名誉職議員、どぶ板議員、バッジを付けている職員議員など、この手の議員はバリエーション豊かです。ちょっと失礼かもしれないが、特に保守系と言う方々の中には、例えば、大きな事業について公聴会を開くことは反対して、行政側の説明だけを鵜呑みして判を押す方がいます。

政治の信念が見えてこないのです。政治の哲学を持っていると言いながら、いつも行政と現職の市長にくっついている。その現職が落選したら、新しい市長とポリシーが違っても平気でくっつく。そういった議員は行政がつくる計画の形式的な証人になっているだけです。

これでは市民に議会は必要がないと思われるのは当然です。一人の議員の意見と議会の集約した意見の違いどころか、議会の力を発揮する必要性すらわかっていない縄張り根性の持ち主は議員の器に適《かな》っていません。

議員としての役割、議会の構成員としての認識と議会の権限に対する知識のなさは大いに問題であるとして、あえてしがらみがあるとすれば一つだけ。それは市民に対しての責任です。他にはありません。議会の使命はなんですか？　その答えは、簡単に言えば「議会の使命は市民のために役に立つ」ことです。

3 向上の基礎は三つだけ

私のキャッチフレーズは「前例より前進」です。意味はそのままです。「前例がない」という言葉をよく耳にしました。新しい提案の検討を却下するために使う時には、単なる言い訳にしか聞こえないです。改革・改善が必要と思う時、今までの前例に従うなら同様な結果しか出ないと決まっています。今までなかった結果や新たな効果を目指すのであれば、新しい手法を使用しないといけません。

新しいことをやっても、うまくいかない場合もあるが、それでもその環境の中で学べる人は勇気を出して新しい対策を進めましょう。

前例より前進の心はとても大事なことです。議会の権限を最大限行使して積極的に市民の目線から提案ができ、そして議会を市民のために役に立つ「機能した機関」にするぐらいの心構えがない人は、議員にならないほうがいいと思っております。

お飾りの改革はもういらない

議会改革よりも、議会機能向上が適切な言葉だと言いました。理由は、議会の権限は地方自治法をはじめ法律等で決められているからです。日本の議会は、議会としてその権限を未だ十分行使していないと思われます。

その一つとして挙げられるのが、通年議会であります。ある議員からは、通年議会がいいと考えている理由は「市民から連絡があると、今は議会中で忙しいと答えるからいい」と言われました。ある市民は、通年議会という名前だけで、議員が「通勤」していると思っています。

私が議長の時です。大雨や、大きな災害などの被害があった時に、市長と他の議員と協力して開いた臨時議会は過去にない短い期間で補正予算を議決しました。通年議会の肝心な問題は議長に招集権がないことです。それなら通年議会よりも法律を変えたほうがいいです。通年議会は問題の本質を扱っていません。多くの議員がこれを意識していないのです。

さらに言えば議会基本条例が挙げられます。これがあってもなくても、議会の権限は壊れません。流行りでつくるだけでは、ただの紙屑になってしまいます。

議会基本条例の中に示すことを各議員が真摯に受け止めて、レベルが高い議論をし、議会として提案ができるようにつながるならいいですが、それらにつながらないなら議会基本条例はただの飾りです。議会基本条例や他の議会改革を導入した上で、何が変わったのか、何が良くなったのか、どれくらい市民の生活向上につながったのか、議会基本条例はその計画のメリットを測る物差しでしかありません。

機能する議会になるための三つのポイント

より機能した議会、より市民に役に立つ議会になるには、簡単に言えば次の三点が不可欠であります。

一つ目は議員間討議の推進と活用です。言うまでもなく議員同士が議論しないと議会として物事を決められません。

二つ目は議会の政策立案と政策提言力向上です。議員間討議が、議会からの政策提案につながらないとしたら、ただのトークショーになってしまいます。

三番目は、今まで扱ってきた市民参加であります。議員間討議において、具体的な提案ができるような議会になれば、その提案はより市民のニーズや希望を反映できるものになります。市民の意見を吸い上げる場を増やし、市民からいただいた意見を議員間討議に取り上げ適切な対応を決めることができます。言いっぱなしや聞きっぱなしに終わってしまうと市民参加の意味がなくなります。

今まで述べてきたフリースピーチ制度は、市民参加の大事なひとつのかたちなのです。

この三点はそれぞれが関係しているので、この章で一つひとつ紹介いたします。

4 進化・強化する議員間討議の提案

一人ひとりの議員活動や発言は大事ですが、議会の集約した意見のほうがずいぶんと重みがあることは間違いありません。そのことをずっと気にかけていました。

そこで、私は二つのことを提案いたしました。

一つは、定例会中で議員間討議を行うため全員協議会を開くこと。

二つ目は、常任委員会の中で議員間討議の時間を設けることです。

２０１１（平成23）年10月１日に犬山市議会基本条例が施行されました。条例には議員間討議という言葉が10回ほど出ていました。条例ではこれが重視されているのに、実際にはどこも行っていませんでした。今までやっていない議員間討議の時間を設けないと自発的に行うわけがありません。

犬山市議会基本条例の第10条において「議会は、議会の権能を十分に発揮し、条例の制定又は改廃、議案の修正、決議等を通じて、市長等に対し、積極的に政策立案等を行います」とあるけれども、ほとんどやっていなかったです。

第12条では、議会においては「議員による討議の場であることを認識し」とか、「議案等を審議して結論を出すにあたっては、議員間の十分な討議を尽くして合意形成に努め」と、「市政に関する重要な政策及び課題に対して、政策立案等を推進するために、全員協議会を開き、全議員で意見交換及び討議を行います」とあるけど、これもあまり行っていなかったのです。

「議会は、議会の権能を十分に発揮し、条例の制定又は改廃、議案の修正、決議等を通じて、市長等に対し、積極的に政策立案等を行います」は、あくまで目的であり、議員同士が話さないことには何もはじまりません。

２０１１年の夏の全員協議会で、議会改革関係の数件を提案しました。その中で、会期中の全員協議会を提案しました。この主な目的は、一般質問と議案質疑の議員発言と、その答弁についての議員間討議を行うことです。その討議の上で、次のアクションが必要かどうかを決める場であります。

運営について、提案前の定例会の流れは次の通りです。

開会日は議案説明
⇦
3日間の議案精読
⇦
4日間の一般質問
⇦
2日間本会議での議案質疑
⇦
3日間部門委員会と閉会日で
採決等々

基本となる定例会の流れ

私の提案では、全員協議会（全協）を開くため、本会議での議案質疑後と部門委員会を開始する前に1日休会を入れます（次頁図※1）。その全協（図※2）のメインとなるのは「質問及び上程議案内容と協議する議員間討議」と掲載します。その他、議員が協議すべきものです。

ここでは議員の質問や質疑とその答弁について自由に、特に気になるところを課題にできます。議員と意見の集約ができれば、議長名での申し入れまたは決議等々につながります。または担当委員会でさらに調査するために付託することになります（場合によって、持ち帰りで継続テーマにもなります）。これは我々の議会の大きな特徴の

定例会の日程（例）

日時	摘要
第1日	議案上程説明
第2日・第3日	精読
第4日・第5日	休会
第6日	精読
第7日～第10日	一般質問
第11日～第12日	休会（※1）
第13日・第14日	議案質疑 委員会付託
第15日	**全員協議会**
第16日～第17日	**部門委員会**
第18日～第19日	休会
第20日	**部門委員会**
第21日	休会
第22日	委員長報告 同報告に対する 質疑　討論　採決

◎定例会会期中に
全員協議会を開催

一般質問及び上程議案の内容等を
協議する議員間討議を行う（※2）

◎委員会での
討議の場を設置

常任委員会の流れ（例）
議案説明及び議案質疑（1 議案ごと）
⇒議案に対する討議 ⇒ 討論 ⇒ 表決

議員間討議を会期日程に取り組んだ日程の例

ひとつです。具体的な例を一つ紹介いたします。

討議・提案・成果

私が議長の時のこと。ある議員が「公共施設利用の市民優先」について一般質問をしましたが、あまり前向きな答弁がありませんでした。定例会中の全員協議会の議員間討議においてこれを課題として出させていただきました。

議長も委員長も議員間討議の促進という大きな役割があります。今回の発言者は、主にスポーツ施設について質問しました。以前にも複数の議員が様々な施設について

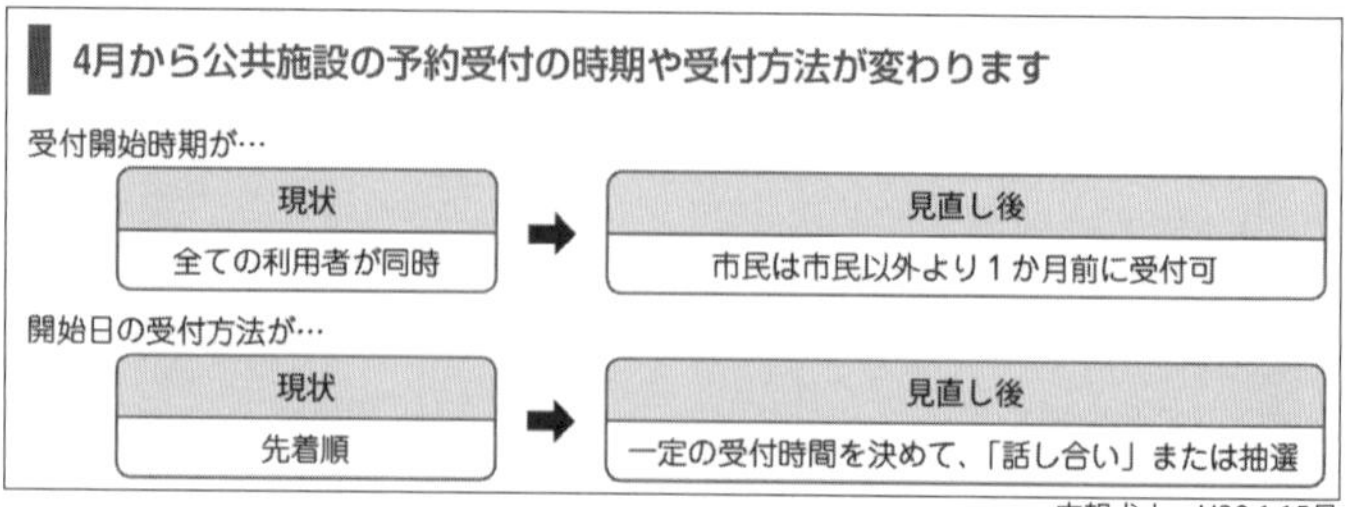

広報犬山　H30.1.15号

議員間討議活用の成果

同様の質問を行い、そして私が議長になってからも、市民団体から例えば、「なかなか犬山市野外センターの予約ができなくて」など苦情をいただきました。

「討議の場で、皆さんはA議員の質問に対しての答弁について、どう思いますか。多分市民から同じような苦情をいただいたと思いますが、どうですか」

議長（私）が発言すると、次から次へと発言がありました。討議を通じて、「市民が予約しやすくなることを優先すべき」などという意見の集約ができ、「公共施設の利用や予約に関する申出書」を議長名で提出いたしました。

一人の議員の意見よりも議会の意見は重みがあります。その結果、当局は改善を図ってくれました。各市の施設は犬山市民優先となりました。議員間討議を通じて議員の一般質問を活かして、議会は市民の希望に応えたのです。

部門委員会の討議

順番としては、部門委員会の議員間討議を最初に提案しました。これは議会基本条例を検討しながら、提案し実現しました。小さいことながら現実的な提案でした。今までやったことのない委員間討議の環境で、委員が手をあげて「委員長、討議がある、発言させてください」となる訳がありません。

そこで、委員長のシナリオに次の言い回しを入れることを提案しました。議案質疑が終わったら討論に入る前に「議案に対する質疑が終りました。これから議員に対する委員間討議を行います、ご発言を求めます」と伝えます。

こうして委員会の委員間討議を導入したため、付帯決議、委員長報告等で意思表示、施策提案等の提出がはるかに増えました。

私が委員長の時の実例を一つ挙げます。

9月決算議会だったので、すべての事業について審議しました。討議ではコミュニティバス事業のあり方が課題として出ました。各委員は事業に対し、改善が必要と示しましたが、どのように改善するかについて意見がわかれました。

要するに、「増車したほうが良い」と言う人もいれば、その中で「一台だけで良い」、逆に「一台だけではだめ」という意見もありました。「デマンド方式に切り替えること」などの提案もありました。

委員長として、最小公倍数を探しました。実は事業を拡大する市民要望は何年も前から出ていて、検討委員会等を設置し、行政と市民の間で対話を行いました。しかし何の変更もせず、結論なしだったのです。再度、委員達は、改善が必要と考えていることを確認したのです。

「こうして市民とずっと対話してきているのだから、そろそろ当局が結論を出すべきだ」ということが意見集約の一つでした。そして「交通弱者のための対策を整理すべき」という意見も集約しました。その方向で委員の意見を集約し、この結果を委員長の報告において次のように報告いたしました。

「なおコミュニティーバス事業について第73号議案の検証や当局においてこれまで

建設経済委員会審査結果報告書

平成24年9月24日
犬山市議会議長
山田拓郎殿

建設経済委員長
ビアンキアンソニー

日時

**********中略**********

第74号議案 平成23年度犬山市水道事業会計未処分利益剰余金の処分及び決算の認定 について

9月14日本会議において、当委員会に付託されました上記議案について慎重審査いたしまました結果、第62号議案、第68号議案及び第70号議案については、いずれも全員一致をもって原案のとおり可決、第74号議案については、全員一致をもって原案のとおり可決及び認定、第66号議案については、賛成多数をもって原案のとおり可決、第73号議案については賛成多数をもって原案のとおり認定すべきものとそれぞれ決しましたので報告いたします。

なお、コミュニティバス事業について、第73号議案の検証や、当局においてこれまで開催された市民委員会及び意見交換会で提出された市民の意見を踏まえ、今委員会中の委員間討議において、増車と他に交通弱者支援のさまざまな方法を含めて検討し、速やかに拡大・改善を図る必要性があると意見集約がされましたので、あわせて報告いたします。

****

実際の報告書

開催された市民委員会及び意見交換会で提出された市民の意見を踏まえ、今委員会中の委員間討議において、増車と他に交通弱者支援の様々な方法を含めて検討し、速やかに拡大、改善を図る必要性があると意見集約がされました」

　この結果はどうなったかというと、2台から5台へと、バス3台の増車となりました。長年にわたり何人もが何回も一般質問などをしましたが、この件で私たちの委員会の取組みが事業改善の後押しになりました。
重ね重ね言いますが、一人の議員の意見よりも議会または委員会の集約した意見には重みがあります。ちなみに、委員長報告に賛否意外の情報や意見を盛り込んだことは、犬山市議会史上初のことでした。

議員間討議を通じて具体的な提案ができる議会になれば、今度はその提案に市民の希望を反映するための市民参加が必要となります。犬山市議会では、そのために市民フリースピーチ制度、女性または学生議会、議長オープンドアポリシー、市民との意見交換会、親子議場見学会を行っているのです。

市民参加のもう一つの形

市民参加には、どんな形でも議会の対応が必要です。もう一つの市民参加の形として、ほとんどの議会で行っている女性議会または学生議会の改善方法をちょっとだけ紹介させていただきます。

①　午前
女性議会一般質問
⇩
②　午後
いちにち女性議員
議員間討議
（現職議員はサポート役）
⇩
③　議員間討議の結果を議長に申し入れ

女性議会の運営にも議員間討議を活用

今までの女性議会や学生議会は「模擬議会」で、発言者と行政の答弁で終わってしまいました。これでは議会とあまり関係がありません。そこで、犬山女性議会は、今までと違った形にしました。

まずは有志の現職議員が、参加した女性議員の発言準備に入りました。午前中行われた質問は「模擬議会」のように見えたかもしれないが、今回は事前に女性議員の質問に対して現職の議員がサポートしてきたことで、従来とは雰囲気が違いました。

午後からは現職議員が交じって、女性議員と全員協議会の議員間討議を行いました。午前中の行政側答弁に対して、納得できないとか足りないところについて女性議員が意見をまとめたり、提案を出したりしたのです。

最後に、女性議会が犬山市議会に答申しました。私は議長として、女性議員からいただいた課題について、今回サポートした現職議員を中心に全員協議会に提出いたしました。全員協議会においては、意見をまとめて、議長名で議会から申し入れ書を出しました。

この女性議員の議員間討議には本当に感動しました。もっと女性議員が必要だと再認識しました。この事例が、これから様々な議会でのテンプレートになればいいと思っております。

ちなみに、行政側は「議員間討議」を行うとピリピリしていました。よく首長たちが、議会と行政は車両の両輪と言いますが、それは議会が意思を示していればです。議会と行政は車両の両輪と言っても議会が受け身すぎで両輪のサイズが違いすぎるのでは、前に進むよりもかみ合わずに、ただグルグル回ってしまうのではないでしょうか。

5 「一般質問」は誰のため？

犬山市議会は定例会の会期中の全員協議会において、本会議の議案質疑と一般質問について議員間討議時間を設けます。皆がそれを活用するのに慣れるまでには時間がかかりましたが、導入された以前よりも議会からの申し入れ、付帯決議、決算の審議において当初予算に対しての要望等が、かなり多くなりました。

議会は日々進化する

私はさらにもう一歩進みたいと思います。これからは内容によって、一般質問ではなく直接議員間討議に持っていくようにしたいのです。一般質問を廃止して、物事を決めることを議員間討議においてしかできないようにすれば良いと、たまに思うことすらあります。

私が議員になった一期目当時の一般質問では、登壇してから議員と傍聴席に向かって質問をしました。途中で対面式になりました。それも改革と言われていました。

最近の自分のやり方ですが、2、3回ぐらい同じテーマについて質問し、行政から納得できない答弁や質問にあっていないフォローがきた場合は、もう一回質問をします。ただし、行政が明らかに問題のある答弁をしたら、答弁漏れで足りないところを引っ張り出して、質問の最後に「この課題は引き続いて議員の間に課題として出します」と付け加えます。

そのためにはヒアリングの段階で、「情報だけは出していいです。議員間討議で取り上げるつもりでいます」と言うと担当がびびります。担当からは、「討議で、どうやって扱うの？」とずっと聞かれます。

議員同士で物事を決めようとすると、行政が気にしてきます。このことからも、議会の本来の力を出す⇩機能向上する⇩改革が始まることは間違いないことがわかります。それが議員間討議の力なのです。

誰のための一般質問なのか？

一般質問は議員と行政のやり取りだけではありません。ましてや、議員のための檜舞台で自己満足を見せびらかせる場所でもありません。

本来は提案や問題提起をしている議員同士にもその内容を訴えているのですが、ほとんどの議員が、同僚議員の質問を真剣に聞いているかどうかは全然気にしていない。それでは、議会が持っている権限、議会の力を捨てているのと同じです。

議会議員が議会の本来の力を十分にわかっていません。これでは、自分の提案、質問の内容の結論を１００パーセント行政に委ねていることと変わりありません。質問の内容と答弁を聞いた上で納得ができないなら、発言者だけではなく、全議員が、議会へとアクションを取る必要があるかどうかを議論すべきなのです。

条例づくりを例にとれば、一人の議員が一般質問で行政に対して条例の設置を頼むことには、様々な課題が含まれています。非常におかしいことです。

なぜなら、行政にお願いするのではなく、議会に条例設置権利があるので議員同士の賛同を得れば条例設置をすることが決められるからです（誤解しないでください。

設置するに当たって、行政の意見を無視することは勧めていません）。または、今の議会事務局にとっては行政の協力を得ることが必要になる場合もあります。これは事務局強化の必要性につながります。

ポイントは、議会が決められることの判断を１００パーセント行政に任せるのは議会の権限の放棄にも等しいということです。もう一つの問題として、議員同士で議論せず、何でも行政にお願いすることは、他の議員に失礼だということです。

残念ながら、ほとんどの日本の地方議員はこのことを十分認識していません。議会の権限の認識のなさ、議員同士に対する質問の興味のなさ、そしてお互いに協力する認識のなさが原因です。

行政の後ろ向きな答弁、一般質問だけではなく議案質疑も計画の説明についても、議員間で課題にもせずそのままで受け止めるだけならば、これは議会の権限放棄と同じです。だからこそ、議員同士が議論や討議ができる場と時間を確保することは、政策を練る場として必要不可欠なのです。

6 犬山市の全員協議会プラスアルファ

議会改革について視察を受け入れた時、ある質問にびっくりしたことがあります。会期中に開く全員協議会の一般質問の例を説明した時に、「誰がその議論をまとめるのか?」と聞かれたのです。もちろん、「議長です」と答えたところ、相手がびっくりしていました。

「自由討議または議論をすれば、会派はどうなるのか?」という質問もあります。これは個人の意見ですが、会派をあまり気にしすぎるは良くないと思っております。持ち帰りになって会派の意見をまとめたりする必要があるなら別ですが、全員協議会で議員一人ひとりが意見を言えば、滅多に全会一致になるわけはないからです。

議会それぞれの運営と議員の個人的考え方がありますので、犬山の市議会について私の経験から自分の考え方について説明いたします。

私が議員になった時、全員協議会はあまり活用されていませんでした。滅多に開かれていなかったのです。特に議会のこと、例えば人事などは、代表者会議で決められていました。数人のうるさい先輩がすべてを仕切っていました。

非常に非民主的でした。「代表者会議」という名がついた時代はあまりにも酷かったので、徐々に全員協議会の機能が増えていきました。

多くの議会の全員協議会は、議案の説明や当局からの報告だけが目的とされています。犬山でもそれらは入っていますが、議会の協議事項と議員間討議も行います。

仮に閉会中であっても、定例会中でも全員協議会は開きます。

内容ですが、先に述べたように一般質問についての議員間討議の例がありました。また9月議会、決算審議後、次の当初予算への意見などを集約するため、10月に全員協議会を開きます。年に平均して15回は開きます。

議員間討議と議会の協議事項の運営の主な違いは、討議は本会議や委員会からきた課題について、そして協議事項は議員自らまたは議会の内部についてという点です。

全員協議会の名称を変更しようとしたが……

犬山市議会の全員協議会には様々な機能があることから、山梨学院大学の江藤俊昭教授から、例えば政策協議会などと、名前を変えたほうがいいと言われたことがありました。

犬山の全員協議会の意味が視察先の議員にはわからないからです。そこで政策協議全協とか、決算予算全協等々としようと全員協議会で提案しましたが……これは断られました。視察に見えた際には、全員協議会の活用の仕方を理解してください！

全員協議会以外にも任意の会があります。その会が全協に報告する提案があれば、全協で図ります。今の議長のもとには、三つの任意の会があり、ワーキングチーム（WT）と呼んでいます。ICTWTは主にペーパーレス化とネット会議の課題を扱っています。議会改革WTは名前の通り様々なテーマを扱っていますし、そして市民参加WTがあります。年に平均では、全員協議会は15回程度開催され、任意の委員会を合わせると20回以上もやっており、それぞれが全員協議会に様々な提案をしています。

7 議会の3Tマネージメントモデル

これまで記したように今までの改革、議会基本条例設置等をふまえて、いよいよ議会として成果を出す段階です。私は議会基本条例については議会の垣根をこえて何らかの形で次の三点を重視しています。

＊議会活動原則は議員間の自由な討議を通じて、合意形成に努めます。
＊議会は市政等の調査研究を通して、政策立案及び政策提言を行います。
＊議会は開かれた議会運営に努め、多様な市民の参加を保障し、意見の反映に努めます。

この三つを行えるように、議会として成果を出す「3Tマネージメントモデル」を示します。

最近、議会に政策サイクルを回すため、PDCAサイクルを活用しようという声が

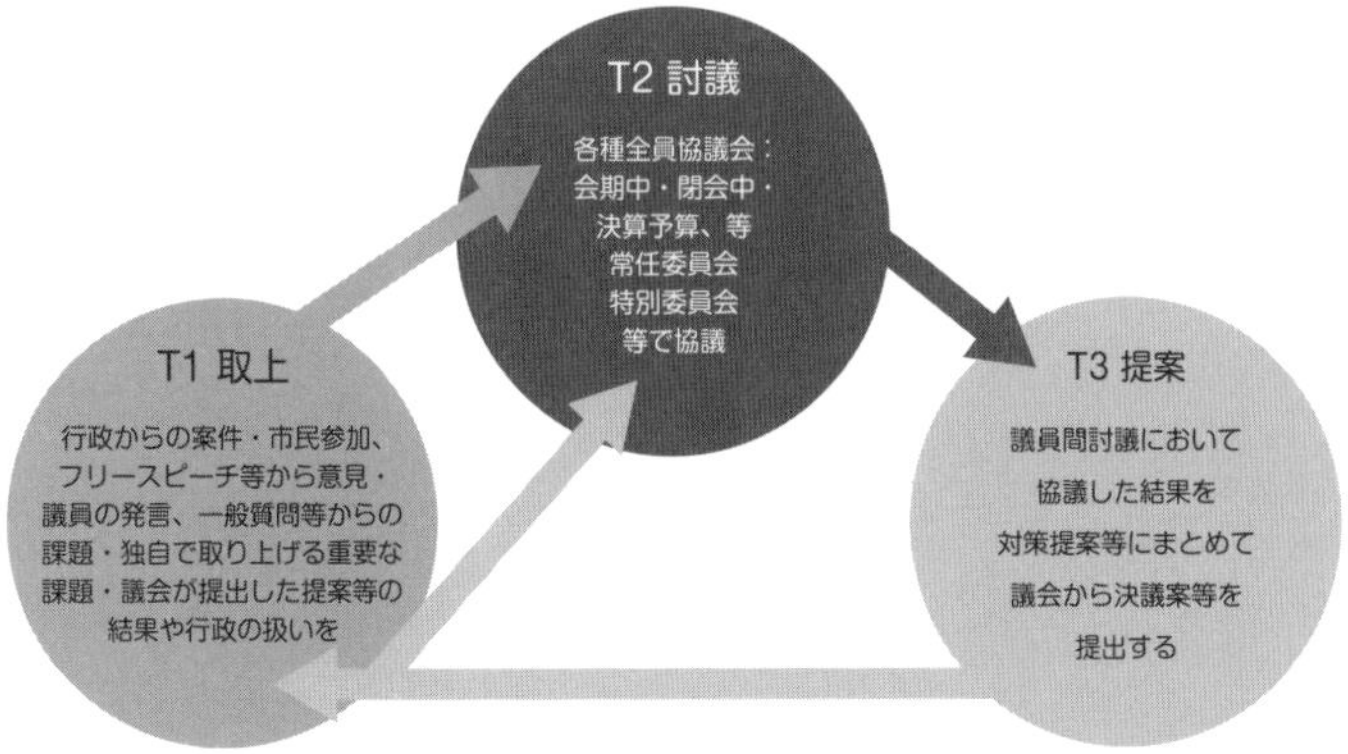
T2 討議
各種全員協議会：
会期中・閉会中・
決算予算、等
常任委員会
特別委員会
等で協議
T1 取上
行政からの案件・市民参加、
フリースピーチ等から意見・
議員の発言、一般質問等からの
課題・独自で取り上げる重要な
課題・議会が提出した提案等の
結果や行政の扱いを
T3 提案
議員間討議において
協議した結果を
対策提案等にまとめて
議会から決議案等を
提出する

議会の３Ｔマネージメントモデル

あります。これはできないわけではないですが、ちょっと無理があると思っております。結局、ＰＤＣＡサイクルはビスネスモデルであり、会社のプロジェクトマネージメントメソッドには合いますが、議会は根本的に違う組織であります。

一番大きな違いは、（議会の内部の改善以外は）行政の動き、その対応にも取り組まないといけないという点です。議会プラス行政合わせて、ＰＤＣＡと言えるかも知れませんが、両方とも独立した機関であるし、二元代表制度において共通点があるとはいえ、ここは分けて政策サイクルを考えるべきです。

だからこそ、ＰＤＣＡサイクルよりも、議会の「ＴＨＥ　３Ｔ対策サイクル」のほうが議会活動に適切なマネージメントモデルと言えます。その3Tとは、(T)取り上げ、(T)討議、(T)提案であり、これについて簡単に説明させていただきます。

「T1取上」とは

議会は幅広く市民の生活に影響する課題を取り上げるべきです。行政からの案件はもちろんですが、多くの議会は、ほとんどが行政からの議案、計画等しか取り上げていません。ましてや、行政からの案件の取り上げ方は受け身すぎて、各案件に対して最終決定機関として十分に議会の意志表示をしていません。

「3Tモデル」ならば、修正、決議などにおいて議会の意志表示をできる可能性が高くなります。さらに、サイクルがまた「T3」から「T1」に回ってくれば、行政の議会の意志の受け止め方と個別案件の市民への効果を必ず取り上げることができて、必要に応じて再度対応ができます。

「T1取上」は行政からの案件だけに限るという意味ではありません。議員の発言、一般質問と議案質疑、独自提案や現在実施している事業なども議会として「T2討議」

で取り上げます。これまで具体的な例を示しましたが、一般質問は行政に対してだけではなく、議員同士にも訴えています。議会3Tマネージメントモデルで答弁等に納得できない場合は、議会として再度訴えることができる制度なのです。

この時代になったからこそ、市民参加の例として、「議長オープンドアポリシー」「市民との意見交換会」「親子議場見学会」「女性議会」「市民フリースピーチ制度」の実施においていただいた市民の意見も真摯に取り上げないといけません。

さらに議会は行政の動きを待つだけではなく、公聴会等の活用を通じて独自の重要な課題を取り上げるべきです。例えば、新体育館や道の駅等々が市長側からの提案や計画として提出されたとします。この場合、行政との質疑や説明を受けるだけではなく、有識者の意見でも、市民の意見でも議会独自で幅広く聞かないといけません。

「T2討議」とは

「T2」とは討議のことです。3Tサイクルは、「T1取上」で始まりますが、機能した議会は「T2」すなわち議員間討議の促進と活用で始まります。言うまでもなく議員同士は議論しないと、いざアクションが必要という時に、議会として物事を決められません。

ほとんどの議会基本条例は議員間自由討議を重視していますが、実際にほとんどの議会は議員間討議を実施していません。当該議会もかってそうでした。そこで討議ができる場と時間を確保しないといけないと気がついたのです。

議員間討議を積極的に導入しないと、決議、付帯決議、委員長報告、議長名での申し入れ等を通じて、議会の提案や意思表示ができません。

「T3提案」とは

「T3」は提案であります。要するに政策立案及び政策提言の力の向上です。議員間討議が提案等につながらないと、ただのトークショーになってしまいます。

犬山市の場合、定例会中の全員協議会において議員間討議をふまえて合意形成をし、行政の答弁や施策が不十分だと思えば、議会の総意として物申します。常任委員会でも討議の時間を設けたため、付帯決議案、委員長報告においての意思表示等がはるかに増え、改善につながりました。

議会は市民からいただいた意見、フリースピーチなどから、議員間討議において論点を絞って、集約した意見をもとに対策提言をします。一議員の意見よりも議会または委員会の意見には、はるかに重みがあります。こうして、「一人の議員の発言は空気銃、議会の意見はバズーカです」（北川正恭先生の言葉より）を体現できるのです。

こうしてサイクルは回りだす

持っている権限を可能な限り機能させ、市民の役に立つ機関になるために、「THE　3T対策サイクル」の取上、討議、提案は、議会にとって不可欠であります。議会は、行政が出す案件だけではなく独自に、特に市民参加を通じて、課題を取り上げ、議員間討議において対策等を提案します。

サイクルだからこそ、議会の提案を行政が受け止め、そしてその対応と効果等をさらにまたT1課題として取り上げてます。そうして、T2の討議でさらに改善が必要なことを決め、また必要があればT3でさらなら提案を図ることができるのです。

8 フリースピーチは議会政策サイクルの見本となる！

フリースピーチ制度は、先に紹介した政策サイクルの各要素を完璧に含んでいます。第４章で一部触れた実例ですが、あらためて一つ取り挙げます。

２０１９（令和元）年9月2日第４回市民フリースピーチが行われました。小学校４年生とそのサポートで同席したお母さんから、「学校での性別による規則を減らすとともに、選択肢を増やしたい」というテーマの発言をいただきました。

小学生とお母さんがフリースピーチに登場

議会事務局がまとめた内容によると、このような趣旨です。

「どうして中学校の制服は女子がスカートで、男子がズボンなのか。スカートよりズボンをはきたい人も他にもいる。性別に関係なく着られて違和感のないような制服があればみんなが安心すると思う。北九州市でスタンダードタイプという制服を導入しており、東京都大田区で男女混合名簿を作成している。学校で重視されるべきこと、男女の区別を超えて一人一人の主体性を育てることではないか。子どもの疑問にひとつひとつ向き合い、その意思を尊重することで育まれるものでないか。

私が子どもの頃、同じ疑問をもった。フリースピーチ制度を知り、発言することで何かが変わるのでないかと期待する」

発言後に議場で議員との数分ぐらいのやり取りがありました。個人的に、その子どもさんの発言に感動しました。

議会・議員が主張を受け止めてフィードバックする

次の全員協議会で先の発言を含めて、市民からいただいた各意見を課題にしました。本件には、ほとんどの議員が前向きのコメントをしました。一人の女性議員は、以前にＬＧＢＴの観点から一般質問をしていたので、自分でまた一般質問で取り上げたいという意思を示しました。

議員皆が発言ができた上で、さらに民生文教委員会で課題として取りあげること、女性議員が質問することに賛同しました。これは代表質問ではないですが、フリースピーチの市民発言に議員も前向きな上、さながら「議会」の代表質問のようでした。

フィードバックシートに議会事務局が全協で決まったことをまとめました
「(対応) 民生文教委員会、M議員（対応先協議結果）制服、校則について、学校個々の判断で変更可能なので教育委員会に学校側が話し合いの場に立ってもらうよう委員長として申し入れをしていく。名簿についても教育委員会側に子どもたちが困らないように運用するよう申し入れしていく。制服について、12月定例会でM議員が一般質問を行う」

委員会から前向きな意見があり、そして本会議での一般質問に対し教育長の前向きな答弁がありました。

この段階で、発言者のお母さんから、次のような意見をメッセージでいただきました。

「なんと！ 制服の存廃も含めて多角的に考えていくとのこと!! スピーチした甲斐があったと思えるような回答です。実際にどういうアクションにつながるか、まだまだこれからだと思いますが、今後にもかなり期待したいと思います……制服に対するいろんな意見にまずは耳を傾けて、そのなかから自分の意見を紡ぎあげる必要がある。フリースピーチ、本当に素晴らしい制度だと思います」

結果は２０２０（令和２）年の６月定例会中、次の年度から犬山の中学生たちがスカートやズボンなどブレザーまでも（もちろん現在の制服も）選択できることになりました。その時にまた発言者のお母さんからのメッセージがありました。

「こんばんは。犬山市の中学校の制服、ブレザーも選べるように正式決定されたという話を聞きました！　娘もとても喜んでいます。フリースピーチに参加させていただいて本当に良かったです。ありがとうございました‼」

市民からテーマを取り上げ（T１）、それを議員間討議で議論し対応を決める（T２）、そして議会から何らかの形で政策提言につなげる（T３）――。こうして、結果が出たのは完全な議会政策サイクルを回したからです。

この出来事はフリースピーチが市民参加型議会にとっての良い見本になると思いました。簡単に言えば、小学生親子の発言をきっかけに議会が提案し、市教育委員会が応え、そうして子どもの夢がかなったのです。議場で市民からいただいた意見を議員間討議で取り上げ、議会と執行部の建設的な協議をふまえて、市民の希望に応えるのは、草の根による民主主義の本来の姿です。これならば、議会は必ずや市民に身近なものになります。先の３Ｔ対策ができれば、議会は十分機能した、市民に役に立つ機関となるのです。

多くの市民が政治や議会は遠い存在と言っています。だからこそ、議場で、議員全員と市民の前でフリースピーチを行うことは、議場は市民のもので、議員は市民の代表であるだけではなく、議員も市民も一緒に理想なまちを考えるという民主主義の原点であることをすべて網羅しているのです

低投票率、政治への不信感、議会の必要性が問われ、成り手不足の問題が広がっている時代だからこそ、市民フリースピーチ制度は大事な活動だと信じております。

※　「性別に関係なく着られる制服」の発言から結論までの市民フリースピーチの流れ
https://vimeo.com/441528920

コラム 5

機会は一度だけ。あらゆるチャンスを掴んで！

低投票率や議員の成り手不足に対して、見落とされた対策があります。それは選挙管理委員会の改革です。

統一地方選挙前、私は議長として選挙管理委員会の事務局から委員の選挙についての知らせを受けました。

今まで、議会は候補者募集等のプロセスを行政に丸投げし、行政は指導しやすい候補者を選んで、議場でしゃんしゃんの投票が行われました。今、変えないとなあなあの状態が永遠に続いてしまいます。そこで私は、「今回を含め、これからは議会がもっと積極的にプロセスに責任をもち、議会の持っている権限を行使することを決めました。候補者募集から選挙まで、さらに住民啓発等のため議会と選挙管理委員会が連携できる仕組みをつくります」と行政担当に指示をしました。

はじめに各議員に候補者のノミネーションをお願いしました。積極的に住民（有権者だけではなく、学生も）への啓発と投票率アップに努めるためにバランスよく、政治経験者、教育者などを入れることを考えるべきと訴えました。すると、数名の名前が候補者として上がってきました。

2019年の改選後、新議長の上手なフォローにより、６月定例会で選挙管理委員会の選挙が行われました。新人４名、女性１人、政治経験者２人（元市長と元議長）と教育者１人（元校長）が入りました。

選挙管理委員会は独立機関であるが、議会と連携をとって、住民への啓発、そして投票率アップに発揮できると期待しています。その後、実際に選挙管理委員会は、いくつかの改善を提案してくれたのです。

あとがき

最後になりますが、地方議会が本来の力を発揮するには、機能の向上、議会事務局の強化、議員資質と意識の向上が必要です。私が感じるのは、議員になる方に見る、議員本来の役割と議会の権限の知識のなさであり、まだまだ意識の低い現実にはいつもびっくりさせられます。

選挙中には「市民の声を聞く」「市政に市民の声を反映するようにする」と言いながら、当選すると行政側の話だけを聞く、都合のいい政治しかやらない方が多いです。

しかし、流れは変わり始めたような気がします。例えば、いろいろな研修会に参加すると、正しい方向に議会を引っ張りたいという前向きな議員ばかりです。逆にどこかの特定議会で講演を依頼されると、前向きに受け入れているのは、その議会の議員の半分くらいで、残りの半分くらいからは、冷たい風を感じます。

私が議員になった時は、機会改革や機能向上の必要性を前向きに認識している方たちは今よりも非常に少なかったです。現状維持ならば、慣性と課題に対し、何ら努力も要らず、無関心だけでできます。チェンジを起こすにはすごく努力が要ります。

だからこそ、意味のあるチェンジを起こすならば、議員そして議員と市民の密接な関係を通じてしか、実現はできません。この本には、ほとんど当たり前のことしか示していないと思っております。しかし、言うまでもなく、当たり前のことを、当たり前にしないと、次のステップに進めないのです。

ですから、学究的な立場からではなく、現場からどういう「改革」が良いのかを述べるだけではなく、〝どうやって実現するか〟を示す必要があると思いました。市民の理解、関心と信頼を取り戻すには、これが不可欠であると強く信じています。

この本が出来上がるまでに、たくさんの方のお世話になりました。

何度も原稿を読んで意見してくれた妻の（恵子）けいちゃん、議会事務局課長補佐の粥川仁也《かゆかわひとなり》さん、そして編集担当として知恵を出してくださった学陽書房の宮川さんに心から感謝します。

ありがとうございました。

現役の議員に限らず、機能した議会や市民中心の役に立つ民主主義を望んでいる皆さんは、特に諦めずがんばらないといけません。そうすればチェンジができることは間違いありません。

最後に疲れが溜まってしまう時、がんばっているのに足を引っ張られる時、無関心にさらされている時に、あなたを励ましてくれる一つの格言で終わりにしたいと思っております。

「共和国においての公民」　セオドア・ルーズベルト

「重要なのは批評する、がんばっている人のつまづきや、後知恵で手法を指摘するものではない。称賛すべきは実際に闘技場に立っている人々です。泥と汗と血でまみれ、勇敢に戦い、何度も間違いを犯して成功にまで手が届かなかった人物でありまず。努力のない失敗や敗北はないからです。彼らは素晴らしい熱意を持ち、献身し価値ある目的に向かって全精力を使い、たとえ失敗したとはいえ、果敢に挑戦した人物であります。従って、そういう人物を、勝利も敗北も経験しない無感動で臆病な連中と、断じて同列に並べるべきではありません」

"Citizenship in a Republic" by Theodore Roosevelt（原文）

"It is not the critic who counts; not the man who points out how the strong man stumbles, or where the doer of deeds could have done them better. The credit belongs to the man who is actually in the arena, whose face is marred by dust and sweat and blood; who strives valiantly; who errs, who comes short again and again, because there is no effort without error and shortcoming; but who does actually strive to do the deeds; who knows great enthusiasms, the great devotions; who spends himself in a worthy cause; who at the best knows in the end the triumph of high achievement, and who at the worst, if he fails, at least fails while daring greatly, so that his place shall never be with those cold and timid souls who neither know victory nor defeat."

皆さん、がんばりましょう！

２０２１年３月

ビアンキ　アンソニー

●著者紹介

ビアンキ　アンソニー

1958年8月26日米国ニューヨーク市ブルックリン生まれ。1980年6月にニューヨーク大学卒業（映画制作を専攻）。2002年日本国籍取得。03年4月犬山市議会議員選挙初当選（史上最多得票でトップ当選）。
17年5月から２年間議長を務める。19年犬山市議会議員選挙5期目当選。
2018年11月マニフェスト大賞グランプリ受賞。
著書に『前例より前進！―青い目の市会議員奮戦記』（風媒社）

1人から始める議会改革
――市民フリースピーチが議会を変えた！

2021年３月23日　初版発行

著　者　ビアンキ　アンソニー

発行者　佐久間重嘉

発行所　学 陽 書 房

〒102-0072　東京都千代田区飯田橋1－9－3
営業（電話）03-3261-1111（代）　（FAX）03-5211-3300
編集（電話）03-3261-1112（代）
http://www.gakuyo.co.jp/

ISBN 978-4-313-18063-5　C2031
装丁／佐藤博　DTP制作／みどり工芸社　印刷・製本／三省堂印刷
乱丁・落丁本は、送料小社負担にてお取替え致します。
定価はカバーに表示してあります。